Betriebswirtschaftliches Rechnen mit Excel Trainer

Thomas Reichel

Haufe

Inhalt

Das bietet Ihnen die CD-ROM

Hier haben Sie die Möglichkeit, Ihre Kenntnisse aufzufrischen, zu vertiefen und in der Praxis anzuwenden:

- Überprüfen Sie Ihr Excel-Wissen in einem Multiple-Choice-Test.
- Für jede Aufgabe aus dem Buch finden Sie auf der CD eine vorgefertigte Excel-Tabelle, die Ihnen die Lösung erleichtert. Auf diese Weise können Sie Buch und CD bei Ihrem Training optimal gemeinsam nutzen.

Viele der Excel-Tabellen können Sie außerdem direkt in Ihrer beruflichen Praxis einsetzen.

	B	C	D
3	**Aktiva**	EUR	Anteil
4	Anlagevermögen		
5	Immaterielle Vermögensgegenstände	25.000	1%
6	Sachanlagen	240.000	13%
7	Finanzanlagen	90.000	5%
8	**Summe Anlagevermögen**	**355.000**	**19%**
9	Umlaufvermögen		
10	Vorräte		
11	Roh-, Hilfs-, Betriebsstoffe	120.000	6%
12	Fertige und unfertige Erzeugnisse	130.000	7%
13	Forderungen und sonst. Vermögensgegenstände		
14	Forderungen aus Lieferung und Leistung	650.000	34%
15	Sonstige Forderungen	120.000	6%
16	Flüssige Mittel	400.000	21%
17	Rechungsabgrenzungsposten	140.000	7%
18	**Summe Umlaufvermögen**	**1.560.000**	**81%**
19	**Bilanzsumme**	**1.915.000**	**100%**

Bibliografische Information der Deutschen Bibliothek
Die Deutsche Bibliothek verzeichnet diese Publikation in der Deutschen Nationalbibliografie; detaillierte bibliografische Daten sind im Internet über http://dnb.ddb.de abrufbar.

ISBN 3-448-07442-X
ISBN 978-3-448-07442-0
Bestell-Nr. 00882-0001

Postanschrift: Postfach, 82142 Planegg
Hausanschrift: Fraunhoferstraße 5, 82152 Planegg
Fon (0 89) 8 95 17-0, Fax (0 89) 8 95 17-2 50
E-Mail: online@haufe.de
Internet: www.haufe.de, www.taschenguide.de
Redaktion: Jürgen Fischer

Gesamtbetreuung und Redaktion: Sylvia Rein, 81379 München
Lektorat und DTP: Text+Design Jutta Cram
Umschlaggestaltung: Simone Kienle, 70182 Stuttgart
Umschlagentwurf: Agentur Buttgereit & Heidenreich, 45721 Haltern am See
Druck: freiburger graphische betriebe, 79108 Freiburg

Zur Herstellung der Bücher wird nur alterungsbeständiges Papier verwendet.

Das ist Ihr Nutzen

Mithilfe der Tabellenkalkulation in Microsoft Excel können Sie kaufmännische Berechnungen jeglicher Art durchführen, Statistiken auswerten, Termin- und Zeitberechnungen vornehmen, technische Daten berechnen und logische Abfragen erstellen.

Häufig werden lediglich einfache Formeln benötigt, um zum gewünschten Ergebnis zu gelangen: etwa wenn Sie Umsatz- oder Kostenzahlen addieren oder miteinander vergleichen wollen.

Wenn betriebswirtschaftliche Formeln mithilfe der Tabellenkalkulation ermittelt werden sollen, muss die betriebswirtschaftliche Rechenanweisung in Excel umgesetzt werden. Dabei können Sie zum Teil auf so genannte Funktionen – das sind vordefinierte Rechenvorschriften – zurückgreifen. In einigen Fällen müssen Sie aber auch manuell Formeln erstellen. Wie Sie in welcher Situation vorgehen, zeigt Ihnen dieser TaschenGuide anhand zahlreicher Praxisbeispiele Schritt für Schritt.

Alle Aufgaben dieses Buches wurden für Sie nicht nur erläutert, sondern sie befinden sich auf der beigefügten CD-ROM. Diese Arbeitshilfen können Sie zu Übungszwecken auf Ihren Rechner kopieren, bei Bedarf können Sie aber auch Ihr individuelles Zahlenmaterial eintragen und das Ergebnis ermitteln.

Produktion und Material

In diesem Kapitel lernen Sie, wie Sie mithilfe von Excel ermitteln,

- mit welchen Mengen Sie in die Gewinnzone kommen,
- wie Sie Ihre Bestellmengen optimieren,
- welche Auswirkungen die Kapazitätsauslastung auf die Stückpreise hat,
- wie Sie Ihr Produktionsprogramm optimal planen,
- wie Sie Kostenvergleiche für Make-or-Buy-Entscheidungen durchführen.

Darum geht es in der Praxis

Egal, um welche Probleme es sich im Bereich Produkt und Material handelt, mithilfe von geeigneten Formeln können Sie die Vorgehensweise für Ihr Unternehmen mit Microsoft Excel optimal planen und analysieren.

Im Produktions- und Materialbereich wird der Grundstein für die wirtschaftliche Herstellung von Produkten gelegt:

- Nur wenn die richtigen Roh-, Hilfs- und Betriebsstoffe zur rechten Zeit in der richtigen Menge und Qualität bereitstehen, können Sie ohne Störung produzieren. Unter Kostengesichtspunkten müssen Sie zusätzlich darauf achten, dass Sie die Produktions-, Lagerhaltungs- und Beschaffungskosten langfristig minimieren.
- Um wirtschaftlich zu arbeiten, müssen Sie Ihre Kapazitäten ausreichend auslasten. Letztendlich wirkt sich die Auslastung der Kapazität auf die Stückpreise Ihrer Waren aus.
- Damit die erzeugten Produkte auch verkauft werden können, ist es wichtig, die richtigen Mengen der einzelnen Güter herzustellen. Mit anderen Worten: Produktionsbreite und -menge müssen stimmen.
- In einigen Fällen ist es vorteilhafter, Bauteile zuzukaufen, anstatt sie selbst zu produzieren. Auch im Zusammenhang mit dieser Entscheidung müssen Berechnungen durchgeführt werden, um eine Aussage über die Vorteile der Handlungsalternativen treffen zu können.

Der Break-Even-Point

Gewinnschwelle ermitteln

Übung 1

5 min

Ein Möbelhersteller bewegte sich im vergangenen Jahr in der Verlustzone. Das Unternehmen produzierte und verkaufte 1.200 Kommoden. Die maximale Produktionskapazität liegt mit 1.500 Stück erheblich über der Ausbringungsmenge. Für das kommende Jahr werden sich die Fixkosten auf 250.000 € belaufen und die variablen Kosten bei 575 € pro Einheit liegen. Das Unternehmen geht davon aus, einen Verkaufspreis in Höhe von 750 € für den Artikel zu erzielen.

Welche Stückzahl muss im kommenden Jahr mindestens hergestellt und verkauft werden, um die Fixkosten zu decken?

Lösungstipp

Mithilfe des Break-Even-Points ermitteln Sie, wie viel Stück eines Produkts herzustellen sind, um in die Gewinnzone zu gelangen. In der einfachsten Form der Break-Even-Analyse geht man davon aus, dass zwischen Absatzmengen, Verkaufserlösen und Kosten lineare Zusammenhänge bestehen. Der Break-Even-Point ergibt sich also wie folgt:

$$\text{Break-Even-Point} = \frac{\text{Fixe Kosten}}{\text{Erlös pro Stück - variable Stückkosten}}$$

Lösung

Erfassen Sie das Datenmaterial wie in unserer Abbildung und setzen Sie die Eingabemarkierung in die Ergebniszelle B9.

B9 fx =AUFRUNDEN(B3/(B5-B7);0)

	A	B
1	**Break-Even-Point**	
2		
3	Fixkosten	250.000,00 €
4		
5	Erlös pro Einheit	750,00 €
6		
7	variable Stückkosten	575,00 €
8		
9	**Menge**	**1429**

Da sich bei einem Bruch nur selten glatte Mengen ergeben, empfiehlt es sich, die Funktion AUFRUNDEN() zu benutzen.

Wählen Sie dazu **Einfügen/Funktion**. Markieren Sie im Listenfeld **Kategorie auswählen** den Eintrag **Math. & Trigon.** und unter **Funktion auswählen** die Funktion AUFRUNDEN().

Es öffnet sich ein Fenster, in dem Sie oben in das Feld **Zahl** die Formel B3/(B5-B7) eingeben. In der Zeile darunter geben Sie die Anzahl der Stellen ein, auf die gerundet werden soll – in unserem Fall null.

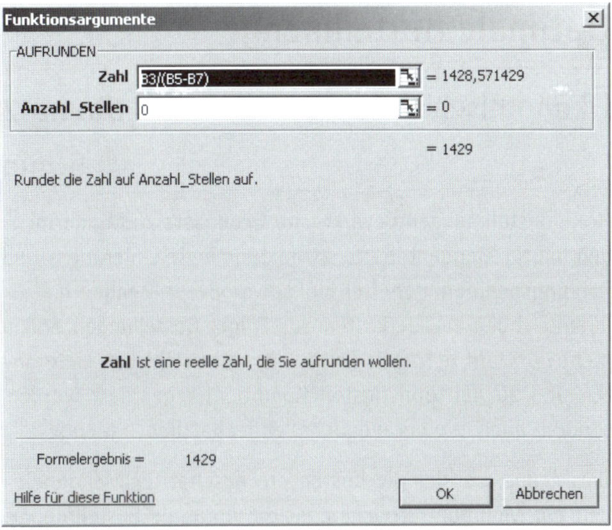

Die vollständige Formel lautet also:

=AUFRUNDEN(B3/(B5-B7);0)

Praxistipp

Excel arbeitet nach der „Punkt-vor-Strich-Regel": Das heißt, Multiplikationen und Divisionen werden vor Additionen oder Subtraktionen ausgeführt. Das bedeutet, über die Berechnungsreihenfolge entscheiden die Prioritäten der einzelnen Operatoren. Die Reihenfolge der Punkt-vor-Strich-Regel kann man mithilfe von Klammern verändern, da diese eine höhere Priorität besitzen als alle Operatoren.

Optimale Bestellmenge

Ökonomisch ordern

Übung 2

5 min

Hohe Bestellmengen bewirken im Gegensatz zu Mindermengen häufig Mengenrabatte sowie günstigere Lieferungs- und Zahlungsbedingungen. Der Einkauf größerer Mengen hat allerdings höhere Lagerkosten zur Folge. Bestellungen sollen nicht nur zum richtigen Zeitpunkt, beim richtigen Lieferanten und zu den günstigsten Konditionen geordert werden, sondern auch in einer möglichst wirtschaftlichen Menge.

Die Menge, bei der die Kosten pro beschaffter Mengeneinheit ein Minimum erreichen, ist die optimale Bestellmenge. Zu deren Berechnung arbeitet man in der Betriebswirtschaft mit der Andler'schen Formel, welche die Einflussgrößen Jahresbedarf, bestellfixe Kosten, Einstandspreis, Zinskosten und Lagerkostensatz berücksichtigt:

$$\text{Optimale Bestellmenge} = \sqrt{\frac{2 \times \text{Jahresbedarf} \times \text{bestellfixe Kosten}}{\text{Einstandspreis} \times \text{Zins- und Lagerkostensatz}}}$$

Ermitteln Sie in einem Excel-Arbeitsblatt die optimale Bestellmenge für ein Material, bei dem der Jahresbedarf bei 75.000 Stück liegt. Die bestellfixen Kosten betragen 2.750,00 €, der Einstandspreis 23,70 €. Zinsen und Lagerkostensatz liegen bei 4,5 % bzw. 5,5 %.

Lösung

Erfassen Sie das Datenmaterial in einer Excel-Tabelle wie in der folgenden Abbildung. Den Zins- und Lagerkostensatz können Sie zusammenfassen. Tragen Sie also in die Eingabezelle 10 % (= 4,5 % + 5,5 %) ein.

B11 fx =WURZEL(2*B3*B5/(B7*B9))

	A	B	C
1	**Ermitteln der optimalen Bestellmenge**		
2			
3	Jahresbedarf	75.000,00	
4			
5	bestellfixe Kosten	2.750,00 €	
6			
7	Einstandspreis	23,70 €	
8			
9	Zins- und Lagerkostensatz	10%	
10			
11	**Optimale Bestellmenge**	**13192,8**	

Positionieren Sie den Cursor in der Ergebniszelle B11. Wählen Sie **Einfügen/Funktion**. Markieren Sie im Listenfeld **Kategorie auswählen** den Eintrag **Math. & Trigon.** und unter **Funktion auswählen** dic Funktion WURZEL.

Geben Sie im folgenden Fenster in das Feld **Zahl** den Ausdruck 2*B3*B5/(B7*B9) ein. Bestätigen Sie die Eingabe durch einen Klick auf **OK**.

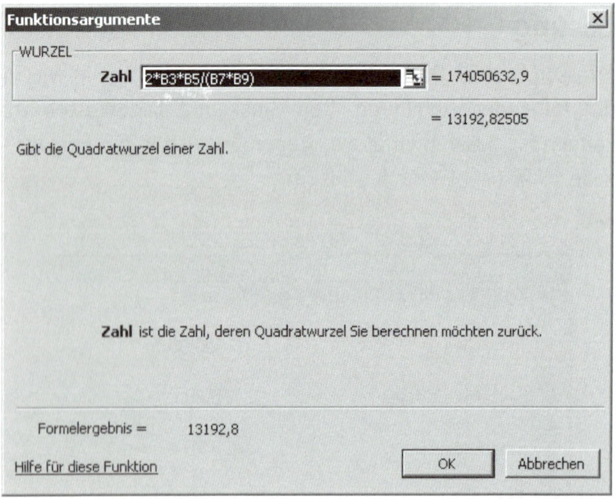

Praxistipps

- Beachten Sie im Zusammenhang mit der Andler'schen Formel, dass diese weder die Veränderungen der Beschaffungszeit noch die Lagerfähigkeit von Materialien oder die Leistungsfähigkeit von Lieferanten einbezieht.
- Damit Excel keine Nachkommastellen anzeigt, betten Sie das Ergebnis in die Funktion GANZZAHL() ein:

  =GANZZAHL(WURZEL(2*B3*B5/(B7*B9))).

  Alternativ arbeiten Sie mit der Funktion RUNDEN():

  =RUNDEN(WURZEL(2*B3*B5/(B7*B9));0)

Kennzahlen zur Kapazität

Kapazitätsauslastung und Stückkosten

Übung 3

10 min

a) Die Produktionsmenge eines Industrieunternehmens betrug im letzten Monat täglich 2.000 Stück. Im aktuellen Monat werden jeden Tag jeweils 2.100 Stück gefertigt. Berechnen Sie die Steigerung der Kapazitätsauslastung, wenn die potenzielle Kapazität des Unternehmens bei täglich 2.500 Stück liegt.

b) Bei den Kosten werden fixe und variable Bestandteile unterschieden. Die fixen Kosten fallen unabhängig von der erbrachten Leistung an. Die Stückkosten sinken mit zunehmender Ausbringungsmenge, da die fixen Stückkosten umso niedriger sind, je mehr die Produktionsmenge steigt. Wie hoch sind die Stückkosten pro Mengeneinheit bei den Ausbringungsmengen 2.000, 2.100 und 2.500 Stück, wenn die variablen Kosten 5,20 € pro Stück und die fixen Kosten monatlich 4.000 € betragen?

Lösungstipps

$$\text{Kapazitätsauslastung} = \frac{\text{Tatsächliche Ausbringungsmenge}}{\text{Mögliche Ausbringungsmenge}} \times 100$$

$$\text{Stückkosten} = \frac{\text{Fixe Kosten}}{\text{Menge}} + \text{Variable Stückkosten}$$

Lösung

a) Erfassen Sie die Daten in einer Excel-Tabelle wie in der folgenden Abbildung. Klicken Sie nacheinander in die Zelle B9 und in der Standard-Symbolleiste auf die Schaltfläche mit dem Prozentzeichen. Geben Sie in B9 die Formel =B5/B7 ein und kopieren Sie diese in die Nachbarzelle. Die Kapazitätssteigerung ergibt sich in C11 über die Formel =C9-B9.

B9 | =B5/B7

	A	B	C
1	**Kapazitätsauslastung**		
2			
3		**Vormonat**	**Aktueller Monat**
4			
5	Tatsächliche Ausbringungsmenge	2.000	2.100
6			
7	Potentielle Ausbringungsmenge	2.500	2.500
8			
9	**Kapazitätsauslastung**	**80%**	**84%**
10			
11	**Kapzitätssteigerung**		**4%**

b) Erfassen Sie das Datenmaterial in einem Excel-Tabellenarbeitsblatt. In B9 fügen Sie die Formel =B5/B3+B7 ein. Kopieren Sie die Formel in die beiden Nachbarzellen.

B9 | =B5/B3+B7

	A	B	C	D
1	**Stückkosten**			
2				
3	Ausbringungsmenge	2.000	2.100	2.500
4				
5	fixe Kosten	4.000,00 €	4.000,00 €	4.000,00 €
6				
7	variable Kosten	5,20 €	5,20 €	5,20 €
8				
9	**Sückkosten**	**7,20 €**	**7,10 €**	**6,80 €**

Make-or-Buy-Entscheidungen treffen

Kostenvergleich: Eigen- oder Fremdbezug?

Übung 4

10 min

Ein Möbelhersteller steht vor der Entscheidung, die benötigte Menge von 5.000 Stück Schubkästen selbst zu fertigen oder von einem Lieferanten zu beziehen.

Für die Eigenfertigung fallen 28.000 € Fertigungseinzelkosten, 15.000 € Fertigungsgemeinkosten sowie 1.500 € Sondereinzelkosten der Fertigung an. Die Materialeinzelkosten belaufen sich auf 34.000 €, die Materialgemeinkosten auf 22.000 €. Sonstige Kosten liegen bei 2.500 €.

Für den Fremdbezug fallen 100.000 € an. Der Lieferant gewährt einen Lieferantenrabatt in Höhe von 8 % sowie 2 % Lieferantenskonto. Die Einkaufskosten belaufen sich auf 1.500 €, die Transportkosten auf 5.000 €. Für Transaktionskosten werden 10.000 € eingeplant.

Ermitteln Sie mithilfe der Tabellenkalkulation Excel, welche der beiden Handlungsalternativen kostengünstiger ist.

Lösungstipp

Transaktionskosten entstehen zum Beispiel durch das Abschließen von Verträgen, für Rechtsbeistand, Vertragsüberwachung oder -durchsetzung.

Lösung

Im Rahmen eines Kostenvergleichs müssen die Kosten für die eigene Erzeugung denjenigen, die durch den Fremdbezug entstehen, gegenübergestellt werden.

Im Zusammenhang mit der Eigenfertigung werden folgende Positionen addiert und durch die zu fertigende Stückzahl dividiert: Fertigungseinzel- und -gemeinkosten, Sondereinzelkosten der Fertigung, Materialeinzel- und -gemeinkosten, sonstige Kosten.

Diese Kosten werden zunächst in einem Excel-Tabellenarbeitsblatt erfasst.

B13 fx =WENN(B11=0;0;B9/B11)

	A	B
1	**Kosten Eigenfertigung**	
2		
3	Fertigungseinzelkosten	28.000,00 €
4	Fertigungsgemeinkosten	15.000,00 €
5	Sondereinzelkosten der Fertigung	1.500,00 €
6	Materialkeinzelkosten	34.000,00 €
7	Materialgemeinkosten	22.000,00 €
8	Sonstige Kosten	2.500,00 €
9	Gesamtkosten	103.000,00 €
10		
11	Menge	5.000,00
12		
13	Stückpreis	20,60 €

Anschließend werden die Positionen Gesamtkosten und Stückpreis wie folgt gebildet:

- Gesamtkosten in B11: =SUMME(B3:B8)
- Stückpreis in B13: =WENN(B11=0;0;B9/B11)

Die WENN()-Funktion prüft, ob eine Bedingung zutrifft, also WAHR oder FALSCH ist, und macht das Ergebnis vom Resultat der Prüfung abhängig. Hier wird mithilfe der WENN-Funktion überprüft, ob die Mengenangabe in B11 gleich null ist. Falls ja, wird das Ergebnis auf null gesetzt – falls nein, werden die Gesamtkosten durch die Stückzahl dividiert. Auf diese Weise wird verhindert, dass Sie eine Fehlermeldung im Tabellenarbeitsblatt erhalten, wenn die Mengenangabe fehlt.

Beim Fremdbezug werden folgende Einflussgrößen verrechnet: Rechnungsbetrag, Menge, Lieferantenrabatt, Lieferantenskonto, Einkaufskosten, Transportkosten und Transaktionskosten.

Aus diesen Daten ergeben sich über Zwischenschritte (Ermittlung von Lieferantenrabatt, Zieleinkaufspreis, Lieferantenskonto) die jeweiligen Einstandspreise für die gesamte Menge und pro Mengeneinheit.

C16 fx =SUMME(C15:C15)+C12

	A	B	C
1	**Kosten Fremdbezug**		
2			
3	Position	**Lieferant**	
4	Rechnungsbetrag		100.000,00 €
5	Menge	5.000,00	
6	Liefererrabatt	8,00%	8.000,00 €
7	Zieleinkaufspreis		92.000,00 €
8	Liefererskonto	2,00%	1.840,00 €
9	Einkaufskosten		1.500,00 €
10	Bareinkaufspreis		91.660,00 €
11	Transportkosten		5.000,00 €
12	**Einstandspreis für die gesamte Menge**		**96.660,00 €**
13	**Einstandspreis für eine Mengeneinheit**		**19,33 €**
14			
15	Tansaktionskosten		10.000,00 €
16	**Fremdkosten für die gesamte Menge**		**106.660,00 €**
17	**Fremdkosten pro Stück**		**21,33 €**

Hier die jeweiligen Formeln:

Zelle	Formel	Erläuterung
C6	=C4*B6	Lieferantenrabatt
C7	=C4-C6	Zieleinkaufspreis
C8	=C7*B8	Lieferantenskonto
C10	=C7-C8+C9	Bareinkaufspreis
C12	=C11+C10	Einstandspreis für die gesamte Menge
C13	=WENN(B5=0;"";C12/B5)	Einstandspreis für eine Mengeneinheit
C16	=SUMME(C15:C15)+C12	Fremdkosten für die gesamte Menge
C17	=WENN(B5=0;0;C16/B5)	Fremdkosten pro Stück

Der Kostenvergleich zeigt, dass die Kosten beim Fremdbezug mit 21,33 € pro Stück über den Kosten der Eigenfertigung liegen.

Praxistipp

Treffen Sie Make-or-Buy-Entscheidungen nicht nur aus reinen Kostenerwägungen. Vielmehr sollten Sie auch alle mit den Alternativen verbundenen und nicht oder nur schwer quantifizierbaren Faktoren mit in die Entscheidung einbeziehen.

Jahresabschlussanalyse

In diesem Kapitel lernen Sie, wie Sie mithilfe von Excel

- Vermögensgegenstände bewerten,
- eine Strukturbilanz erstellen,
- Bilanzkennzahlen aufbereiten,
- Kennzahlen zur Vermögens- und Kapitalstruktur berechnen,
- mit Rentabilitätskennzahlen arbeiten.

Darum geht es in der Praxis

Zum Jahresabschluss gehören die Bilanz und die Gewinn- und Verlustrechnung. Anhand der Bilanz erhält der Leser einen Einblick in die wirtschaftliche Lage eines Unternehmens. Vermögen, Kapital, Finanzierung und Liquidität werden sichtbar.

Bei der Bilanzanalyse wird der Jahresabschluss eines Unternehmens in einzelne Teile zerlegt, um bestimmte Erkenntnisse zu gewinnen, zum Beispiel ob ein Unternehmen solide finanziert ist oder kurz vor dem Konkurs steht.

Benötigt wird das Datenmaterial zum einen für interne Zwecke im Rahmen der Steuerung des Unternehmens. Zum anderen werden Bilanzzahlen häufig zur Beurteilung der Unternehmenssituation für externe Zwecke herangezogen. Im Rahmen von Basel II hat die Bilanzanalyse weiter an Bedeutung gewonnen.

Bilanzkennzahlen als Steuerungsinstrument bieten u. a. bei folgenden Aufgaben Unterstützung:

- Analyse der Vermögenslage,
- Finanzierungsentscheidungen,
- Liquiditätssteuerung,
- Beurteilung der Rentabilität.

Bewertung

Anschaffungskosten ermitteln — Übung 5

5 min

Ein Industrieunternehmen hat im vergangenen Geschäftsjahr zwei Maschinen angeschafft.

Für Maschine 1 wurden 200.000 € sowie Anschaffungsnebenkosten in Höhe von 2.000 € in Rechnung gestellt. Nach sechs Wochen wurde noch ein Zusatzmodul angeschafft, um die Maschine optimal nutzen zu können. Der Preis für das Zusatzteil belief sich auf 6.500 €.

Maschine 2 kostete 75.000 €. Die Rechnung wurde innerhalb von 14 Tagen unter Abzug von 1,5 % Skonto bezahlt.

Berechnen Sie die Anschaffungskosten für beide Maschinen.

Lösungstipp

Die Anschaffungskosten setzen sich wie folgt zusammen:

	Anschaffungspreis
+	Anschaffungsnebenkosten
+	nachträgliche Anschaffungskosten
–	Anschaffungspreisminderungen
=	**Anschaffungskosten**

Lösung

Erfassen Sie das Datenmaterial in einer Excel-Tabelle wie folgt:

	A	B	C
1	**Anschaffungskosten**		
2			
3		**Maschine 1**	**Maschine 2**
4	Anschaffungspreis	200.000,00 €	75.000,00 €
5	Anschaffungsnebenkosten	2.000,00 €	
6	nachträgliche Anschaffungskosten	6.500,00 €	
7	Anschaffungspreisminderung		1.125,00 €
8			
9	**Anschaffungskosten**	**208.500,00 €**	**73.875,00 €**

Die Anschaffungskosten in B9 ergeben sich, indem Sie die Werte der Zellen B4, B5 und B6 addieren und davon den Wert aus B7 subtrahieren: =B4+B5+B6-B7. Diese Formel können Sie in die Nachbarzelle kopieren.

Die Anschaffungspreisminderung in C7 können Sie direkt in der Zelle ermitteln. Tragen Sie hier die Formel =C4*1,5% ein.

- Für Maschine 1 ist keine Anschaffungspreisminderung zu berücksichtigen. Hier erhalten Sie ein Ergebnis von 208.500,00 €.
- Für Maschine 2 ergeben sich Anschaffungskosten in Höhe von 73.875,00 €.

Strukturbilanz

Aktivseite einer Strukturbilanz erstellen

Übung 6

10 min

Zum Jahresabschluss weisen die Konten der Buchhaltung folgende Werte aus:

Position	**€**
Immaterielle Vermögensgegenstände	25.000
Sachanlagen	240.000
Finanzanlagen	90.000
Roh-, Hilfs- und Betriebsstoffe	120.000
Fertige und unfertige Erzeugnisse	130.000
Forderungen aus Lieferungen und Leistungen	650.000
Sonstige Forderungen	120.000
Wertpapiere (flüssige Mittel)	200.000
Kassenbestand (flüssige Mittel)	25.000
Bankguthaben (flüssige Mittel)	175.000
Rechnungsabgrenzungsposten	140.000

Erstellen Sie anhand der Daten die Aktivseite der Strukturbilanz in einer Excel-Tabelle.

Lösungstipp

Fassen Sie Wertpapiere, Kassenbestand und Bankguthaben unter dem Posten „Flüssige Mittel" zusammen.

Lösung

Erfassen Sie das Datenmaterial in einer Excel-Tabelle:

	A	B	C
1	**Strukturbilanz**		
2			
3		**Aktiva**	EUR
4	A.	Anlagevermögen	
5	1.	Immaterielle Vermögensgegenstände	25.000
6	2.	Sachanlagen	240.000
7	3.	Finanzanlagen	90.000
8		**Summe Anlagevermögen**	**355.000**
9	B.	Umlaufvermögen	
10	1.	Vorräte	
11	1.1	Roh-, Hilfs- und Betriebsstoffe	120.000
12	1.2	Fertige und unfertige Erzeugnisse	130.000
13	2.	Forderungen und sonst. Vermögensgegenstände	
14	2.1	Forderungen aus Lieferungen und Leistungen	650.000
15	2.2	Sonstige Forderungen	120.000
16	3.	Flüssige Mittel	400.000
17	C.	Rechungsabgrenzungsposten	140.000
18		**Summe Umlaufvermögen**	**1.560.000**
19		**Bilanzsumme**	**1.915.000**

Die Summe des Anlagevermögens wird aus den Positionen Immaterielle Vermögensgegenstände, Sachanlagen und Finanzanlagen in Zelle C8 mit der Formel =SUMME(C5:C7) gebildet.

Die übrigen Positionen werden zum Umlaufvermögen zusammengefasst. Dazu arbeiten Sie in C18 mit der Formel =SUMME(C11:C17).

In C19 addieren Sie die Summen aus Anlage und Umlaufvermögen und erhalten so die Bilanzsumme: =C8+C18.

Praxistipp

Um die Nummerierung in Spalte A zu erhalten, markieren Sie den Zellbereich A4:A17 und weisen dem Bereich das Textformat zu. Wählen Sie **Format/Zellen/Zahlen**. Entscheiden Sie sich im Bereich **Kategorie** für den Eintrag **Text**. Verlassen Sie das Dialogfeld durch einen Klick auf die Schaltfläche **OK**. Ohne diese Formatierung würde Excel anstelle des Eintrags „1.1" den Eintrag „01. Jan" liefern.

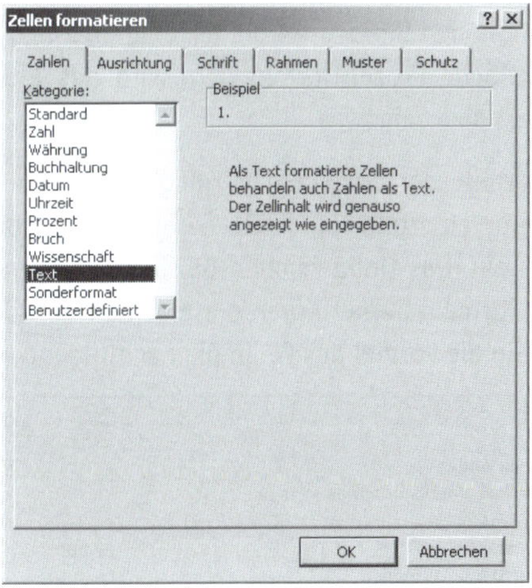

Vermögensanteile berechnen

Übung 7

5 min

Ermitteln Sie auf der Grundlage von Übung 6 die relativen Anteile der einzelnen Vermögenspositionen.

Lösung

Markieren Sie den Bereich A4 bis A19. Durch einen Klick auf die Schaltfläche Prozentformat % wird das Ergebnis als Prozentwert angezeigt.

Um die Anteile der einzelnen Vermögenspositionen an der Bilanzsumme zu ermitteln, geben Sie in Zelle D5 die Formel =C5/$C19 ein. Das Dollarzeichen bewirkt, dass auch in den kopierten Formeln immer durch dieselbe Zelle dividiert wird. Kopieren Sie die Formel aus D5 in die nachfolgenden Zellen.

	B	C	D
3	**Aktiva**	EUR	Anteil
4	Anlagevermögen		
5	Immaterielle Vermögensgegenstände	25.000	1%
6	Sachanlagen	240.000	13%
7	Finanzanlagen	90.000	5%
8	**Summe Anlagevermögen**	**355.000**	**19%**
9	Umlaufvermögen		
10	Vorräte		
11	Roh-, Hilfs-, Betriebsstoffe	120.000	6%
12	Fertige und unfertige Erzeugnisse	130.000	7%
13	Forderungen und sonst. Vermögensgegenstände		
14	Forderungen aus Lieferung und Leistung	650.000	34%
15	Sonstige Forderungen	120.000	6%
16	Flüssige Mittel	400.000	21%
17	Rechungsabgrenzungsposten	140.000	7%
18	**Summe Umlaufvermögen**	**1.560.000**	**81%**
19	**Bilanzsumme**	**1.915.000**	**100%**

Bilanzkennzahlen

Kennzahlen zur Vermögensstruktur aufbereiten

Übung 8

5 min

Bilden Sie die Kennzahlen Vermögenskonstitution, Anlagenintensität, Umflaufintensität, Eigenkapitalquote, Verschuldungsgrad und Anspannungsgrad für einen Gewerbebetrieb, der zum Jahresabschluss folgende Zahlen in der Bilanz ausweist:

Anlagevermögen	1.600.000 €
Umlaufvermögen	1.650.000 €
Eigenkapital	1.550.000 €
Fremdkapital	1.700.000 €

Lösungstipps:

Um zu aussagekräftigen Angaben über die wirtschaftliche Situation eines Unternehmens zu gelangen, werden aus Bilanz und Gewinn- und Verlustrechnung verschiedene Kennziffern gewonnen. Dazu gehören u. a.

- Kennzahlen zur Vermögensstruktur wie Vermögenskonstitution, Anlagenintensität oder Umlaufintensität, aber auch
- Kennzahlen zur Kapitalstruktur wie Eigenkapitalquote, Verschuldungsgrad oder Anspannungsgrad.

Die Kennzahlen zur Vermögensstruktur werden wie folgt gebildet:

$$\text{Vermögenskonstitution} = \frac{\text{Anlagevermögen}}{\text{Umlaufvermögen}} \times 100$$

$$\text{Anlagenintensität} = \frac{\text{Anlagevermögen}}{\text{Gesamtvermögen}} \times 100$$

$$\text{Umlaufintensität} = \frac{\text{Umlaufvermögen}}{\text{Gesamtvermögen}} \times 100$$

Die Kennzahlen zur Kapitalstruktur werden wie folgt gebildet:

$$\text{Eigenkapitalquote} = \frac{\text{Eigenkapital}}{\text{Gesamtkapital}} \times 100$$

$$\text{Verschuldungsgrad} = \frac{\text{Fremdkapital}}{\text{Eigenkapital}} \times 100$$

$$\text{Anspannungsgrad} = \frac{\text{Fremdkapital}}{\text{Gesamtkapital}} \times 100$$

Lösung

Erfassen Sie das Datenmaterial in einer Excel-Tabelle:

	A	B
1	**Bilanzkennzahlen**	
2		
3	**Kennzahlen zur Vermögensstruktur**	
4		
5	Anlagevermögen	1.600.000,00 €
6	Umlaufvermögen	1.650.000,00 €
7		
8	**Vermögenskonstitution**	97%
9	**Anlagenintensität**	49%
10	**Umlaufintensität**	51%

Markieren Sie den Bereich B8 bis B10 und klicken Sie auf die Schaltfläche Prozentformat % in der Standard-Symbolleiste. Arbeiten Sie jetzt mit folgenden Formeln:

B8: =B5/B6
B9: =B5/(B5+B6)
B10: =B6/(B5+B6)

Da Sie den Bereich B8:B10 im Prozentformat formatiert haben, können Sie sich die Multiplikation mit der Zahl 100 sparen. Sie erhalten für die aktuellen Beispielzahlen eine Vermögenskonstitution von 97 %. Die Anlagenintensität liegt bei 49 %, die Umlaufintensität bei 51 %.

Erfassen Sie auch Eigen- und Fremdkapital in der Excel-Tabelle:

	A	B
12	**Kennzahlen zur Kapitalstruktur**	
13		
14	Eigenkapital	1.550.000,00 €
15	Fremdkapital	1.700.000,00 €
16		
17	**Eigenkapitalquote**	48%
18	**Verschuldungsgrad**	110%
19	**Anspannungsgrad**	52%

Markieren Sie den Bereich B17 bis B19 und klicken Sie auf die Schaltfläche Prozentformat % in der Standard-Symbolleiste.

Arbeiten Sie mit den folgenden Formeln:

B17: =B14/(B14+B15)
B18: =B15/B14
B19: =B15/(B14+B15)

Die Eigenkapitalquote beträgt 48 %. Der Verschuldungsgrad liegt bei 110 %, der Anspannungsgrad bei 52 %.

Praxistipps:

- Die Anlagenintensität zeigt den Vermögensaufbau. Die Aussagefähigkeit dieser Kennzahl ist begrenzt, da
  - die Bilanz auf der einen Seite nur bilanzierungsfähige Vermögensteile enthält und dadurch immaterielle Vermögenswerte nicht einschließt und
  - auf der anderen Seite Vermögensgegenstände nicht mit ihrem tatsächlichen Werten angesetzt werden.
- Je höher ein Unternehmen mit Eigenkapital ausgestattet ist, desto weniger krisenanfällig ist es.
- Je höher der Eigenkapitalanteil ist, desto kreditwürdiger ist das Unternehmen.
- Ein hoher Fremdkapitalanteil bedeutet eine hohe Zinsbelastung.

Rentabilitätskennzahlen

Ertragslage messen

Übung 9

5 min

Das Ziel eines Unternehmens ist es, Gewinne zu erzielen. Der Gewinn allein hat aber nur eine beschränkte Aussagekraft im Hinblick auf die Ertragslage eines Unternehmens. Rentabilitätskennzahlen zeigen das Verhältnis von Gewinn zu Eigenkapital, Gesamtkapital oder Umsatz und messen die Ertragskraft des Unternehmens. Die wichtigsten Rentabilitätskennzahlen sind die Eigenkapitalrentabilität, die Gesamtkapitalrentabilität und die Umsatzrentabilität.

Berechnen Sie die Rentabilitätskennzahlen für ein Handelsunternehmen, das im vergangenen Jahr einen Gewinn von 450.000 € bei einem Umsatz von 3,5 Mio. € erwirtschaftet hat. Das Eigenkapital des Unternehmens betrug 800.000 €, das Gesamtkapital 1 Mio. €. Für Kredite mussten 10.000 € Zinsen gezahlt werden.

Lösungstipps

- Bei der Eigenkapitalrentabilität wird der Gewinn ins Verhältnis zum Eigenkapital gesetzt:

$$\text{Eigenkapitalrentabilität} = \frac{\text{Gewinn}}{\text{Eigenkapital}} \times 100$$

- Die Gesamtrentabilität gibt die Verzinsung des Eigen- und Fremdkapitals an:

$$\text{Gesamtkapitalrentabilität} = \frac{\text{Gewinn} + \text{Fremdkapitalzinsen}}{\text{Gesamtkapital}} \times 100$$

- Die Umsatzrentabilität analysiert das Verhältnis zwischen Umsatz und Gewinn:

$$\text{Umsatzrentabilität} = \frac{\text{Gewinn}}{\text{Umsatz}} \times 100$$

Lösung

Erfassen Sie das Datenmaterial in einer Excel-Tabelle. Formatieren Sie den Bereich B9:B11 im Prozentformat. Arbeiten Sie

in B9 mit der Formel =B3/B5,
in B10 mit der Formel =(B3+B7)/B6 und
in B11 mit der Anweisung =B3/B4.

Die folgende Abbildung zeigt die Ergebnisse:

	A	B
1	**Rentabilitätskennzahlen**	
2		
3	Gewinn	450.000,00 €
4	Umsatz	3.500.000,00 €
5	Eigenkapital	800.000,00 €
6	Gesamtkapital	1.000.000,00 €
7	Fremdkapitalzinsen	10.000,00 €
8		
9	**Eigenkapitalrentabilität**	**56%**
10	**Gesamtkapitalrentabilität**	**46%**
11	**Umsatzrentabilität**	**13%**

Finanzierung und Liquidität

In diesem Kapitel lernen Sie, wie Sie mithilfe von Excel

- einen Liquiditätsplan erstellen,
- mit Liquiditätskennzahlen arbeiten,
- kalkulatorische Zinsen berechnen,
- die Belastung aus Krediten ermitteln,
- den Effektivzins berechnen.

Darum geht es in der Praxis

In der Praxis können Unternehmensziele wie Rentabilitäts- oder Gewinnmaximierung in der Regel nicht ohne eine solide finanzielle Grundlage konsequent verfolgt werden. Ohne Liquidität ist die Existenz eines Unternehmens auf Dauer gefährdet. Die Liquiditätsplanung ist deshalb ein wichtiges Instrument im Zusammenhang mit der Finanzierung von Unternehmen.

Finanz- und Liquiditätsplanung werden im Allgemeinen gleichgesetzt. Ihre Aufgabe besteht darin,

- drohende Illiquidität oder Unterliquidität rechtzeitig zu erkennen,
- sich abzeichnende Liquiditätsüberschüsse rechtzeitig aufzuzeigen,
- Zahlungsströme nach den Kriterien von Rentabilität und Liquidität zu steuern.

Die Finanzplanung muss deshalb folgenden Anforderungen genügen:

- Ausrichtung auf zukünftige Einnahmen und Ausgaben,
- lückenloses und überschneidungsfreies Ausweisen von Einnahmen und Ausgaben bei zeitlicher Präzision.

Liquiditätsplanung

Zahlungsfähigkeit überprüfen

Übung 10
10 min

Ein Zuliefererbetrieb für Automobilteile hatte im März einen finanziellen Engpass. Das Unternehmen musste mehrfach die Girokonten überziehen, um seinen Zahlungsverpflichtungen nachkommen zu können. Am 31.03.2006 verzeichnet die Buchhaltung auf dem Konto von Bank 1 ein Guthaben von 322,17 €, die Konten bei Bank 2 und Bank 3 sind mit 1.755.33 € bzw. 2.578,33 € im Soll. In der Kasse sind 572,33 € in bar. Die Buchhaltung plant Überweisungen in Höhe von 5.000 € für Material und 500 € für Sonstiges am 03.04.06. Am 10.04.06 werden 28.000 € Steuern, 4.000 € für Material und 6.000 € sonstige Ausgaben fällig. Löhne und Gehälter werden am 05.04.06 in Höhe von 42.000 € an die Belegschaft überwiesen. Am 01.04.2006 wird ein Wertpapier fällig. Der Geldeingang liegt bei 25.000 €. Für den 03.04.06 wird ein Geldeingang von einem Großkunden in Höhe von 50.000 € erwartet. Für den 05.04.06 und den 10.04.06 kann man von weiteren Geldeingängen in Höhe von 30.000 € bzw. 15.000 € ausgehen. Der für den Firmeninhaber bestellte Firmenwagen soll am 07.04.2006 übergeben werden. Hierfür müssen 50.000 € gezahlt werden. Für den Gebrauchtwagen erhält das Unternehmen 23.500 €. Erstellen Sie einen tagesgenauen Liquiditätsplan für die erste Hälfte des Monats April.

Lösung

Um einen täglichen Liquiditätsplan zu erstellen, erfassen Sie zunächst alle Spalten und Zeilenbeschriftungen. Tragen Sie anschließend in B3 das Startdatum 01.04.06 ein.

Das folgende Datum können Sie mithilfe der Formel =B3+1 in C3 einsetzen. Kopieren Sie die Formel in die Nachbarzellen. So erhalten Sie sukzessive die jeweiligen Kalenderdaten.

Der Anfangsbestand ergibt sich aus der Addition der Kontenstände plus Kassenbestand in B10 mithilfe der Formel =SUMME(B5:B8).

Die Summe der Einnahmen errechnen Sie in B18 ebenfalls mithilfe der Summenformel: =SUMME(B14:B16). Für die Summe der Ausgaben tragen Sie in B28 die Formel =SUMME(B22:B26) ein.

Der Endbestand wird in B30 mithilfe der Formel =B10+B18-B28 ausgewiesen.

Auf der folgenden Seite finden Sie einen Ausschnitt des Liquiditätsplans bis zum 05.04.2006.

Der Anfangsbestand in C10 entspricht dem Vorgängerwert aus Zeile 30: =B30. Alle weiteren Formeln erhalten Sie durch Kopieren der Formeln in die Nachbarspalten.

Nachdem Sie alle Formeln erfasst haben, sollten Sie für das Blatt einen Zellschutz einrichten, von dem die Eingabezellen ausgenommen werden. Auf diese Weise verhindern Sie, dass Sie die Formeln versehentlich überschreiben. Markieren Sie die Eingabezellen und wählen Sie **Format/Zellen**. Aktivieren Sie die Registerkarte **Schutz**. Dort deaktivieren Sie das Kontrollkästchen **Gesperrt** und klicken auf **OK**.

	A	B	C	D	E	F
1	**Liquiditätsplan**					
2						
3	**Datum**	01.04.2006	02.04.2006	03.04.2006	04.04.2006	05.04.2006
4						
5	Bank 1	322,17 €				
6	Bank 2	-1.755,33 €				
7	Bank 3	-2.578,33 €				
8	Kasse	572,33 €				
9						
10	Anfangsbestand	-3.439,16 €	21.560,84 €	21.560,84 €	66.060,84 €	66.060,84 €
11						
12	**Einnahmen**					
13						
14	Umsatzeinnahmen			50.000,00 €		30.000,00 €
15	Einnahmen aus Liquidation					
16	Sonstige Einnahmen	25.000,00 €				
17						
18	**Summe Einnahmen**	**25.000,00 €**		**50.000,00 €**		**30.000,00 €**
19						
20	**Ausgaben**					
21						
22	Ausgaben für Material			5.000,00 €		
23	Ausgaben für Personal					42.000,00 €
24	Ausgaben für Steuern					
25	Ausgaben für Investitionen					
26	Sonstige Ausgaben			500,00 €		
27						
28	**Summe Ausgaben**			**5.500,00 €**		**42.000,00 €**
29						
30	**Endbestand**	**21.560,84 €**	**21.560,84 €**	**66.060,84 €**	**66.060,84 €**	**54.060,84 €**

Richten Sie anschließend den Blattschutz über **Extras/ Schutz/Blatt schützen** ein. Danach ist das Tabellengerüst fertig, sodass Sie das Datenmaterial erfassen können.

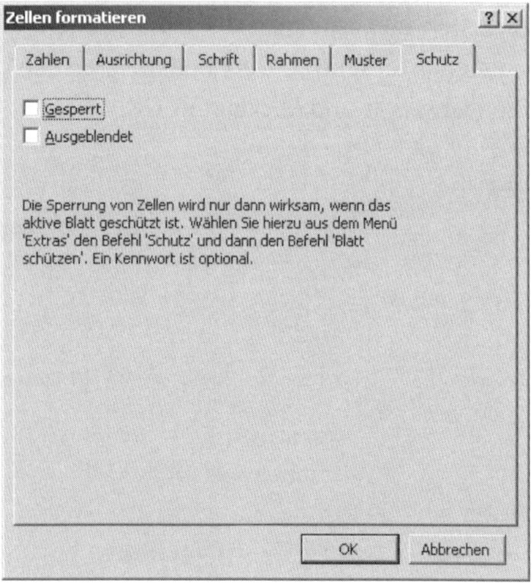

Gemäß Plan ergibt sich für den Betrachtungszeitraum kein weiterer finanzieller Engpass. Als Saldo wird am 15.04.06 ein Wert von 4.560,84 € erwartet. Das Unternehmen wird somit seinen Verbindlichkeiten voraussichtlich nachkommen können.

Liquiditätskennzahlen

Liquidität 1., 2. und 3. Grades berechnen

Übung 11

5 min

Ein Gartenbauunternehmen hat zurzeit 25.000 € in der Kasse. Die Bankguthaben belaufen sich auf 300.000 €. Aktuell wurde eine Rechnung von einem Großkunden in Höhe von 35.000 € per Scheck beglichen. Der Scheck ist noch bei der Bank einzureichen. Die kurzfristigen Forderungen des Unternehmens betragen 450.000 €. Die Verbindlichkeiten aus Lieferungen und Leistungen liegen bei 460.000 €, die sonstigen Verbindlichkeiten bei 80.000 €. Das gesamte Umlaufvermögen weist einen Wert von 1,5 Mio. € aus. Berechnen Sie die Liquidität 1., 2. und 3. Grades.

Lösungstipp

$$\text{Liquidität 1. Grades} = \frac{\text{Flüssige Mittel}}{\text{Kurzfristige Verbindlichkeiten}} \times 100$$

$$\text{Liquidität 2. Grades} = \frac{\text{Kurzfristiges Umlaufvermögen}}{\text{Kurzfristige Verbindlichkeiten}} \times 100$$

$$\text{Liquidität 3. Grades} = \frac{\text{Umlaufvermögen}}{\text{Kurzfristige Verbindlichkeiten}} \times 100$$

Die flüssigen Mittel umfassen Kassenbestand, Bankguthaben und Schecks. Kurzfristige Verbindlichkeiten sind solche aus Lieferung und Leistungen sowie sonstige Verbindlichkeiten.

Lösung

Erfassen Sie das Datenmaterial in einer Excel-Tabelle wie in der Abbildung. Anschließend setzen Sie die Formeln in der Tabelle um.

	A	B
1	**Liquiditätskennzahlen**	
2		
3	Kassenbestand	25.000,00 €
4	Scheck	35.000,00 €
5	Bankguthaben	300.000,00 €
6	**Flüssige Mittel**	**360.000,00 €**
7	Kurzfristige Forderungen	450.000,00 €
8	Verbindlichkeiten aus L. u. L	460.000,00 €
9	Sonstige Verbindlichkeiten	80.000,00 €
10	**Kuzfristige Verbindlichkeiten**	**540.000,00 €**
11	Umlaufvermögen	1.500.000,00 €
12		
13	**Liquidität ersten Grades**	**67%**
14	**Liquidität zweiten Grades**	**150%**
15	**Liquidität dritten Grades**	**278%**

Die flüssigen Mittel setzen sich aus Kassenbestand, Bankguthaben sowie dem aktuell eingegangenen Scheck zusammen und ergeben sich in Zelle B6 mithilfe der Formel =SUMME(B3:B5). Addieren Sie in B10 die kurzfristigen Verbindlichkeiten: =B8+B9.

Damit haben Sie die Voraussetzung zur Bildung der Liquiditätskennzahlen geschaffen. Markieren Sie den Zellbereich B13 bis B15 und klicken Sie auf die Schaltfläche **Prozentformat** %.

Die Formeln lauten wie folgt:

Zelle B13: =B6/B10
Zelle B14: =(B6+B7)/B10
Zelle B15: =B11/B10

Praxistipp

Eine Finanzierungsregel besagt, dass die kurzfristigen Verbindlichkeiten durch die flüssigen Mittel und kurzfristigen Forderungen vollständig gedeckt sein sollten. Die Liquidität ersten Grades sollte den Wert von 20 % nicht unterschreiten.

Damit Excel bedenkliche Abweichungen farblich kennzeichnet, ist der Einsatz der Funktion **Bedingte Formatierung** in der Praxis hilfreich und sinnvoll. Wählen Sie **Format/Bedingte Formatierung**. Sie erreichen das gleichnamige Dialogfeld. Übernehmen Sie unter **Bedingung 1** den Eintrag **Zellwert ist**. Stellen Sie im Feld neben **Zellwert ist** den Eintrag **kleiner als** ein. Tragen Sie in das rechte Eingabefeld den Wert 0,2 ein. Klicken Sie auf **Format**. Excel ruft das Dialogfeld **Zellen formatieren** auf. Dort entscheiden Sie sich für die Registerkarte **Schrift** und wählen aus dem Listenfeld **Farbe** die gewünschte Formatierung aus. Verlassen Sie das aktuelle und das folgende Dialogfeld jeweils durch einen Klick auf die Schaltfläche **OK**.

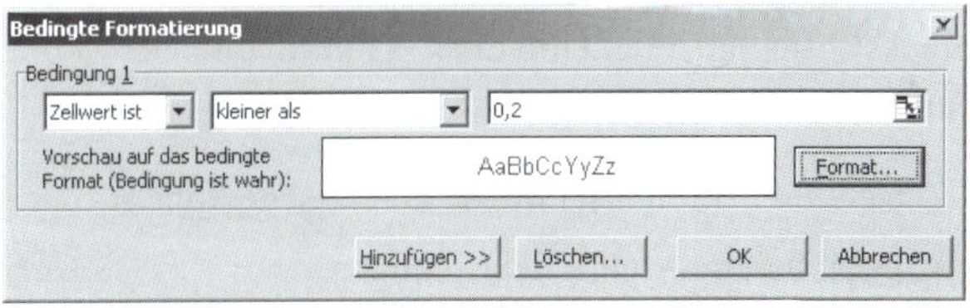

Eigen- und Fremdfinanzierung

Entgangene Zinsgewinne ermitteln

Übung 12

5 min

Ein Futtermittelhändler benötigt eine neue Waage, deren Anschaffungskosten bei rund 8.000 € liegen. Der Unternehmer verfügt über die notwendigen finanziellen Mittel.

Wie hoch ist der ihm entgehende Zinsgewinn, wenn er den Betrag 30 Monate lang für 5 % Zinsen anlegen könnte?

Lösungstipps

Wer Investitionen aus eigenen Mitteln finanzieren kann, dem entgeht der Zinsgewinn, der bei einer alternativen Geldanlage ausgezahlt worden wäre. Daher muss er im Rahmen seiner Kalkulationen kalkulatorische Zinsen für den investierten Betrag ermitteln.

Zinsrechnung ist nichts anderes als Prozentrechnung unter Berücksichtigung des Zeitfaktors. Es wird mit vier Größen gearbeitet:

- Zinsen: Preis für das leihweise überlassene Kapital
- Kapital: bereitgestellte Geldsumme
- Zinsfuß: prozentuale Kosten für ein Jahr
- Zeit: Zeitraum, für den die Zinsen zu zahlen sind

Die allgemeine Zinsformel lautet:

$$\text{Zinsen} = \frac{\text{Kapital} \times \text{Zinsfuß} \times \text{Zeit}}{100}$$

Die Monatszinsen ergeben sich dementsprechend wie folgt:

$$\text{Monatszinsen} = \frac{\text{Kapital} \times \text{Zinssatz} \times \text{Monate}}{100 \times 12}$$

Bei der Zinseszinsrechnung werden die Zinsen am Ende der jeweiligen Abrechnungsperiode mitverzinst. Dadurch wächst das Endkapital im Zeitablauf überproportional. Die Berechnung des Endwerts des Kapitals heißt in der Fachsprache „Aufzinsung". Die allgemeine Formel zur Ermittlung der Jahreszinsen lautet:

$$K^n = K_0 \times q^n$$

Dabei ist K die Abkürzung für „Kapital". K^n ist das Kapital am Ende der Laufzeit, K_0 steht für das Kapital zu Beginn der Abrechnung und q für den Prozentsatz.

Lösung

Erfassen Sie zunächst den zu verzinsenden Geldbetrag, den Zinssatz und den Zeitraum in einer Excel-Tabelle.

	A	B
1	**Zinseszinsrechnung**	
2		
3	Betrag	8.000,00 €
4		
5	Laufzeit in Monaten	30
6		
7	Zinssatz	5%

Setzen Sie die Eingabemarkierung in die Zelle, in der das Ergebnis erscheinen soll, und wählen Sie **Einfügen/Funktion**. Im ersten Schritt des Funktionsassistenten markieren Sie innerhalb der Funktionskategorien den Eintrag **Finanzmathematik**.

Bei den Funktionen entscheiden Sie sich für **ZW** (= zukünftiger Wert einer Investition). Führen Sie einen Doppelklick auf **ZW** aus, um in das zweite Dialogfeld des Assistenten zu gelangen.

Im zweiten Schritt des Assistenten tragen Sie die einzelnen Argumente der Funktion ZW() ein. Achten Sie dabei unbedingt darauf, dass Sie zueinander passende Zeiteinheiten verwenden. Da Sie eine monatliche Berechnung durchführen, müssen Sie den Zins durch 12 dividieren. Geben Sie unter **Zins** den Ausdruck B7/12 ein.

Das Argument **Zzr** entspricht dem Zeitraum in der Zelle B5. Das Argument **Rmz** wird nicht benötigt. **Bw** (Barwert) entspricht im aktuellen Beispiel der Zelle B3, in der sich der Anlagebetrag befindet.

Nachdem Sie alle notwendigen Argumente eingetragen haben, verlassen Sie das Dialogfeld über **OK**.

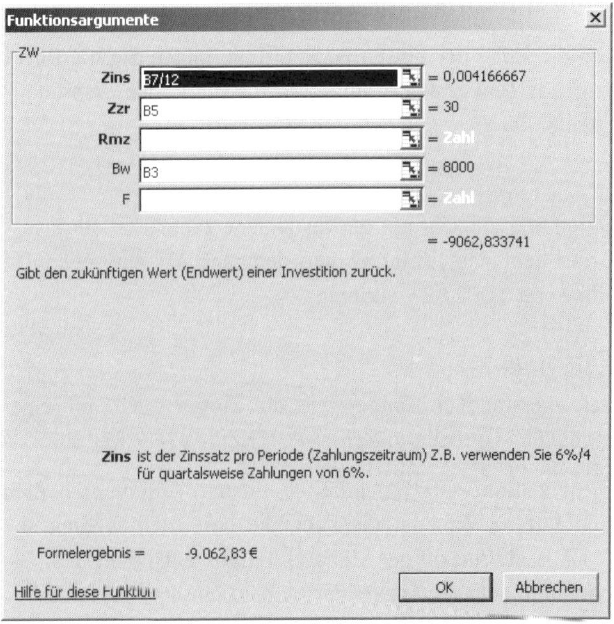

Die Funktion ZW() liefert den Wert, den Sie für 8.000 € nach 30 Monaten erhalten. Das Ergebnis lautet - 9.062,83 €.

ZW() gibt – wie zahlreiche andere finanzmathematische Funktionen – das Ergebnis als negativen Wert wieder. Einen positiven Wert erhalten Sie, wenn Sie die Funktion ZW() mit der Funktion ABS() (Absolutwert einer Zahl) bearbeiten. Die Formel lautet dann: =ABS(ZW(B7/12;B5;;B3))

Zwischen den Argumenten B5 und B3 stehen übrigens zwei Semikola, da an dritter Stelle die Annuität **Bw** stehen müsste, die in unserem Beispiel aber wegfällt.

Um die Höhe der Zinsen zu ermitteln, bilden Sie die Differenz aus dem Endwert von 9.062,83 € und den ursprünglichen 8.000 €.

9.062,83 € – 8.000 € = 1.062,83 €

Durch den Verzicht auf die Geldanlage zugunsten der Investition geht dem Unternehmen demnach ein Zinsgewinn in Höhe von 1.062,83 € verloren.

Praxistipp

Selbstverständlich können Sie die Zinsen auch mit einer manuellen Formel ermitteln: =POTENZ(1+B7/12;B5)*B3.

Die Funktion POTENZ() arbeitet mit den Argumenten **Zahl** und **Potenz**. **Zahl** ist die Zahl, die potenziert werden soll (1+Zinssatz/Anzahl der Monate). **Potenz** entspricht dem Exponenten, hier der Anzahl der Monate. Um das Endkapital zu erhalten, muss das Ergebnis mit dem Startkapital multipliziert werden.

Monatliche Belastung für Fremdfinanzierung ausrechnen

Übung 13
10 min

In einem Handwerksbetrieb wird ein Maschinenersatzteil benötigt. Die Reparaturkosten belaufen sich auf rund 10.000 €. Da das Unternehmen nicht über das notwendige Eigenkapital verfügt, muss die Instandhaltung über einen Kredit finanziert werden.

Erstellen Sie einen Tilgungsplan und ermitteln Sie, wie hoch die konstante monatliche Belastung für den Kredit ist, wenn die Zinsen 7 % betragen und das Darlehen nach Ablauf von vier Jahren vollständig getilgt sein soll.

Lösungstipp

Bei einer vierjährigen Laufzeit des Kredits müssen 48 Monate in die Betrachtungen einbezogen werden. Das heißt, im Rahmen eines Tilgungsplans müssen für 48 Zeiteinheiten Zinsanteil, Tilgungsanteil und Restschuld ermittelt werden.

Lösung

Erfassen Sie in Excel zunächst das Datenmaterial und legen Sie anschließend das Tabellengrundgerüst wie in der folgenden Abbildung an. Die Abbildung zeigt lediglich einen Ausschnitt aus dem Gesamttilgungsplan, der 48 Monate abbilden muss. Legen Sie die entsprechende Anzahl Zeilen an.

	A	B	C	D
1	**Monatlicher Tilgungsplan**			
2				
3	Darlehensbetrag	10.000,00 €		
4	Laufzeit in Monaten	48		
5	Zinssatz	7%		
6	Monatliche Rate			
7				
8	**Monat**	**Zinsanteil**	**Tilgung**	**Restschuld**
9				
10	1			
11	2			
12	3			
13	4			
14	5			
15	6			
16	7			
17	8			
18	9			
19	10			
20	11			
21	12			

Als Erstes wird die Restschuld in D9 mit der Formel =B3 übernommen.

Der Zinsanteil in B10 wird mithilfe der Funktion ZINS() aus der Funktionskategorie **Finanzmathematik** ermittelt. Die Formel lautet =ZINSZ($B$5/12;A10;$B$4;$B$3).

Auch der Tilgungsanteil ergibt sich mithilfe einer Funktion aus der Kategorie **Finanzmathematik**, nämlich der folgenden: =KAPZ($B$5/12;A10;$B$4;$B$3).

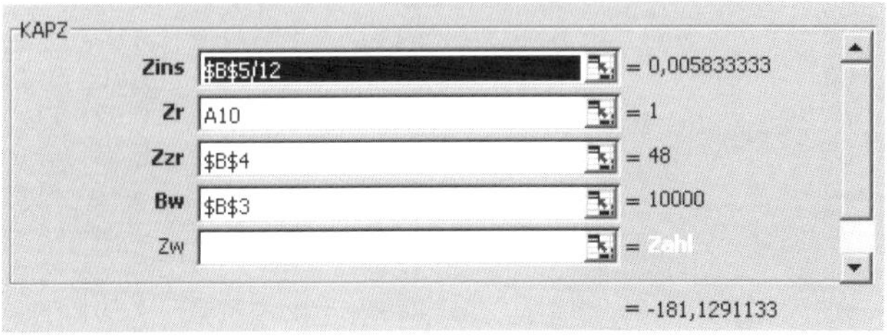

Der Restwert in Zelle D10 ergibt sich aus der Addition von dem Ausgangswert der Vorperiode und dem Tilgungsanteil, den das Programm als negativen Wert liefert: =D9+C10.

Kopieren Sie die Formeln des Bereichs B3 bis D3 in die nachfolgenden 47 Zeilen.

Die monatliche Belastung erhalten Sie, indem Sie jeweils Tilgungs- und Zinsanteil einer der Perioden addieren. Damit ein positiver Wert ausgegeben wird, kombinieren Sie das Ergebnis mit der Funktion ABS(): =ABS(B10+C10). In unserem Beispiel beträgt die monatliche Rate 239,46 €.

Der Anteil von Tilgung und Zinsen ändert sich von Jahr zu Jahr. Die monatliche Belastung bleibt jedoch konstant. Während der Zinsanteil abnimmt, nimmt der Tilgungsanteil in entsprechendem Maße zu.

	A	B	C	D
8	**Monat**	**Zinsanteil**	**Tilgung**	**Restschuld**
9				10.000,00 €
10	1	-58,33 €	-181,13 €	9.818,87 €
11	2	-57,28 €	-182,19 €	9.636,69 €
12	3	-56,21 €	-183,25 €	9.453,44 €
13	4	-55,15 €	-184,32 €	9.269,12 €
14	5	-54,07 €	-185,39 €	9.083,73 €
15	6	-52,99 €	-186,47 €	8.897,25 €
16	7	-51,90 €	-187,56 €	8.709,69 €
17	8	-50,81 €	-188,66 €	8.521,03 €
18	9	-49,71 €	-189,76 €	8.331,28 €
19	10	-48,60 €	-190,86 €	8.140,42 €
20	11	-47,49 €	-191,98 €	7.948,44 €
21	12	-46,37 €	-193,10 €	7.755,34 €
22	13	-45,24 €	-194,22 €	7.561,12 €
23	14	-44,11 €	-195,36 €	7.365,76 €
24	15	-42,97 €	-196,50 €	7.169,27 €
25	16	-41,82 €	-197,64 €	6.971,63 €
26	17	-40,67 €	-198,79 €	6.772,83 €
27	18	-39,51 €	-199,95 €	6.572,88 €
28	19	-38,34 €	-201,12 €	6.371,76 €
29	20	-37,17 €	-202,29 €	6.169,46 €

Effektivverzinsung von Darlehen

Kredite vergleichen

Übung 14

5 min

Die Zinsen sind der Preis für das leihweise überlassene Kapital im Rahmen eines Kredits bzw. Darlehens. Bei der Aufnahme eines Kredits werden Nominal- und Effektivzins unterschieden. Der Effektivzins berücksichtigt über den Normalzins hinaus anteilig alle weiteren Kosten im Zusammenhang mit einem Kredit, nämlich Disagio, Gebühren, Spesen und sonstige Kosten.

Ein Möbelhersteller benötigt für die Anschaffung einer neuen Maschine einen Kredit von rund 150.000,00 €. Der Leiter der Buchhaltung erhält von zwei verschiedenen Banken folgende Kreditangebote:

- Angebot 1: Bei einer Laufzeit von fünf Jahren werden 98 % des Kreditbetrags ausgezahlt. Die jährlichen Zinsen liegen bei 4,75 %. Außerdem fallen Gebühren in Höhe von 100,00 € und Spesen in Höhe von 75,00 € an.
- Angebot 2: Die Laufzeit des Darlehens liegt bei vier Jahren. Die Bank zahlt das Darlehen zu 100 %, also ohne Abschlag, aus. Die jährlichen Zinsen betragen 5 %. Außerdem fallen Gebühren in Höhe von 500,00 € und Spesen in Höhe von 100,00 € an.

Welches Angebot hat die niedrigere Effektivverzinsung?

Lösung

Legen Sie das Tabellengrundgerüst an und erfassen Sie dort die relevanten Darlehensdaten.

Um den Effektivzins zu berechnen, müssen Sie zunächst folgende Positionen ermitteln:

- Auszahlungsbetrag,
- jährliche Zinsen,
- anteiliges Damnum,
- anteilige Kosten und
- jährliche Kosten.

Die sich daraus ergebenden Kosten müssen gleichmäßig auf die Laufzeit des Darlehens verteilt werden.

Das Prozentformat erhalten Sie durch einen Klick auf die gleichnamige Schaltfläche der Format-Symbolleiste. Allerdings ist es standardmäßig nicht möglich, Nachkommastellen für die Zinsen anzugeben. Um die Anzeige und das Erfassen von Nachkommastellen zu ermöglichen, klicken Sie zusätzlich auf die Schaltfläche **Dezimalstelle hinzufügen** .

Der Auszahlungsbetrag ist das Produkt von Kreditsumme und Auszahlungsquote. Er wird in Zelle B9 mithilfe der Formel =B3*B7 ermittelt.

Die jährlichen Zinsen ergeben sich in B17 aus dem Produkt von Kreditbetrag und Zinssatz: =B3*B11.

Das Disagio, auch Damnum oder Auszahlungsabschlag genannt, wird auf die Laufzeit verteilt. Der eigentliche Abschlag ist die Differenz zwischen Kredit- und Auszahlungsbetrag. Die Formel in B19 lautet =(B3-B9)/B5.

	A	B	C
1	**Effektivzins**		
2		**Angebot 1**	**Angebot 2**
3	Kreditbetrag	150.000,00 €	150.000,00 €
4			
5	Laufzeit in Jahren	5	4
6			
7	Auszahlungsquote	98%	100%
8			
9	Auszahlungsbetrag	147.000,00 €	150.000,00 €
10			
11	Zinssatz	4,75%	5,00%
12			
13	Gebühr	100,00 €	500,00 €
14			
15	Sonstige Kosten	75,00 €	100,00 €
16			
17	Jährliche Zinsen	7.125,00 €	7.500,00 €
18			
19	Anteiliges Damnum	600,00 €	0,00 €
20			
21	Anteilige Kosten	35,00 €	150,00 €
22			
23	Jährliche Kosten	7.760,00 €	7.650,00 €
24			
25	Effektivzins	5,28%	5,10%

In B21 werden die Gebühren und die sonstigen Kosten addiert und ebenfalls durch die Laufzeit in Jahren dividiert: =(B13+B15)/B5.

Alle anfallenden jährlichen Kreditkosten werden in Zelle B23 aufaddiert: =SUMME(B17:B21)

Den Effektivzins erhalten Sie, indem Sie in B25 die jährlichen Kreditkosten durch den tatsächlichen Auszahlungsbetrag dividieren: =B23/B9.

Kopieren Sie den Zellbereich B2 bis B25 in Spalte C und überschreiben Sie die Werte mit den Zahlen von Angebot 2.

Sie erhalten für Angebot 1 einen Effektivzins in Höhe von 5,28 %. Angebot 2 liegt mit einer Verzinsung von 5,10 % effektiv unter der ersten Finanzierungsalternative und ist somit günstiger.

Praxistipps

- Zellformate, wie zum Beispiel zwei Nachkommastellen für Prozentformate, können Sie schnell und bequem mithilfe der Schaltfläche **Format übertragen**  an Zellen weitergeben. Um mit dieser Schaltfläche zu arbeiten, setzen Sie die Eingabemarkierung in die Zelle, deren Format Sie übernehmen wollen. Klicken Sie anschließend auf die Schaltfläche. Ziehen Sie mit gedrückter linker Maustaste über den Zellbereich, für den Sie die Formatierung übernehmen wollen. Anschließend lassen Sie die Maustaste wieder los.
- Fehlt die Schaltfläche auf Ihrem Bildschirm, können Sie dieses nützliche Icon wie folgt in die Format-Symbolleiste integrieren: Wählen Sie **Ansicht/Symbolleisten/Anpassen**. Aktivieren Sie im folgenden Dialogfeld die Registerkarte **Befehle**. Klicken Sie unter **Kategorien** auf den Eintrag **Format**. Unter **Befehle** suchen Sie den Eintrag **Format übertragen.** Ziehen Sie die Schaltfläche mit dem Pinsel an eine geeignete Stelle in der Format-Symbolleiste und verlassen Sie das Fenster durch einen Klick auf die Schaltfläche **Schließen**.

Kostenrechnung

In diesem Kapitel lernen Sie, wie Sie mithilfe von Excel

- Verbräuche ermitteln und bewerten,
- Kosten nach Verteilungsschlüsseln umlegen,
- verschiedene Kalkulationsverfahren anwenden,
- eine einstufige und zweistufige Deckungsbeitragsrechnung anlegen,
- eine kurzfristige Erfolgsrechnung durchführen.

Darum geht es in der Praxis

Die Kostenrechnung ist ein Zweig des Rechnungswesens. Zu ihren Aufgaben gehören die Kostenstellen-, die Kostenarten- und die Kostenträgerrechnung.

- Die Kostenstellenrechnung zeigt, in welchen Tätigkeitsbereichen, an welchen Stellen und für welche Positionen Kosten verursacht wurden.
- Kostenarten sind die einzelnen Kostenkategorien wie Materialkosten, Löhne, Gehälter, Energien usw. Sie sind in der Praxis oft identisch mit den Konten der Buchhaltung. Außerdem müssen Kosten nach ihrer Abhängigkeit von der Beschäftigung in fixe und variable Bestandteile unterschieden werden.
- Kostenträger, der Name besagt es bereits, tragen die Kosten. Das können zum Beispiel Kunden oder Produkte, aber auch Zeiträume sein. Im Rahmen der Kostenträgerrechnung werden Kostenträgerstückrechnung und Kostenträgerzeitrechnung unterschieden.

Die Deckungsbeitragsrechnung und die kurzfristige Erfolgsrechnung sind bedeutende Instrumente, um die Aufgaben in der Kostenrechnung durchführen zu können.

Kostenartenrechnung

Materialverbrauch mittels Inventurmethode berechnen

Übung 15

5 min

Die Kostenartenrechnung ist die Basis der weiteren Kostenrechnung. Die Zuordnung erfolgt u. a. nach Produktionsfaktoren. Im Zusammenhang mit den Materialkosten geht es im Rahmen der Kostenartenrechnung um die Materialverbrauchsermittlung und Bewertung der Verbrauchsmengen.

Ein Industrieunternehmen der Metallbranche hatte zu Beginn der Abrechnungsperiode einen Anfangsbestand von 5.723 Stück eines Rohstoffs. Während des Betrachtungszeitraums wurden weitere 2.000 Stück geliefert. Berechnen Sie den Verbrauch des Rohstoffs, wenn der Endbestand am Ende der Abrechnungsperiode 1.755 Stück beträgt.

Lösungstipp

Die Inventurmethode ermittelt den Verbrauch nach folgender betriebswirtschaftlicher Formel:

Verbrauch = Anfangsbestand + Zugänge – Endbestand

Lösung

Wenn Sie die Daten wie in der folgenden Abbildung erfassen, lautet die Lösungsformel zur Verbrauchsberechnung in B7: =B3+B4-B5.

	A	B
1	**Ermitteln von Verbräuchen**	
2		
3	Anfangsbestand	5.723
4	Zugänge	2.000
5	Endbestand	1.755
6		
7	**Verbrauch**	**5.968**

Sie können die Formel in Excel direkt in die Zelle schreiben. Alternativ setzen Sie die Eingabemarkierung in die Zelle B7. Geben Sie ein Pluszeichen ein. Anschließend klicken Sie in die Zelle, deren Wert Sie addieren wollen. In diesem Fall ist das die Zelle B3. Tragen Sie ein weiteres Pluszeichen ein und klicken Sie in B4. Dann geben Sie ein Minuszeichen ein. Klicken Sie in B5 und drücken Sie die Enter-Taste.

Betriebswirtschaftliches Rechnen mit Excel *Trainer* **NEU!**

ISBN 3-448-07442-X

Thomas Reichel

Betriebswirtschaftliches Rechnen mit Excel Trainer

Excel in der betrieblichen Praxis! Hier finden Sie Übungsaufgaben mit Lösungshinweisen zu Produktion und Jahresabschlussanalyse, Finanzierung und Kostenrechnung, Investitionsrechnung und Kennzahlenanalyse.

Auf CD-ROM:

Excel-Rechner zur direkten Einsatz in der Praxis und weitere Übungen.

Schlagfertigkeit *Trainer*

ISBN
3-448-05974-9

Jeder TaschenGuide *Trainer*
mit CD-ROM
nur € 9,90 [D]

Matthias Nöllke

Schlagfertigkeit Trainer

Nie mehr sprachlos! Mit diesem TaschenGuide Trainer lernen Sie, in »brenzligen« Situationen das treffende Wort zu finden. Lösen Sie sich von Blockaden und finden Sie schnell die richtigen Worte. Trainieren Sie Ihre Schlagfertigkeit und gewinnen Sie sowohl privat als auch im Job an Souveränität.

Auf CD-ROM:

Audio-Tests mit über 80 Gesprächssituationen, mit denen Sie Ihre schlagfertigen Antworten realitätsnah trainieren können.

	ISBN
Business English *Trainer*	3-448-07388-1
Small Talk *Trainer*	3-448-07386-5

Jeder TaschenGuide *Trainer* mit CD-ROM **nur € 9,90** [D]

D. Henderson / V. Streitwieser

Business English Trainer

In jeder Business-Situation die richtigen Worte finden und noch dazu auf Englisch? Über 50 Übungen helfen Ihnen dabei: ob am Telefon, bei Präsentationen oder beim Small Talk.

Auf CD-ROM:

Audio-Tests zu typischen Situationen und Fragen im Beruf.

Dr. Stephan Lermer

Small Talk Trainer

Ob beim Geschäftsessen, in der Seminarpause oder im Aufzug – lernen Sie, immer den passenden Gesprächs-einstieg zu finden, locker zu plaudern und Gespräche zielsicher zu führen.

Auf CD-ROM:

Audio-Tests zu über 100 rea-tätsnahen Gesprächssituatio-nen, Fragen und Bemerkunge

	ISBN
Management *Trainer*	3-448-0622
Zeitmanagement *Trainer*	3-448-0677
Projektmanagement *Trainer*	3-448-0660

Management Trainer

Verbessern Sie mit über 40 Übungen Ihre Führungsfähigkeiten. Wie Sie Managementaufgaben von der Planung über die Mitarbeiterführung bis zur Kontrolle souverän erledigen.

Auf CD-ROM:

Multiple-Choice-Tests, Checklisten für Selbstmanagement, Projektplanung und Mitarbeiterführung.

Zeitmanagement Trainer

Mit diesem TaschenGuide lernen Sie anhand von konkreten Aufgaben, wie Sie Blockaden lösen und Zeitfresser beseitigen können. Setzen Sie sich Ziele und Prioritäten und lernen Sie Ihren Tag effizient zu planen.

Auf CD-ROM:

Zeitplanungstool, Multiple-Choice-Tests.

Projektmanagement Trainer

Ihr kompaktes Training für Projekte: Übungen zu Projek start und Zieldefinition, zum Erstelle von Projektplänen, für Kontrolle, zielge rechte Steuerung und den erfolgreichen Abschluss vo Projekten.

Auf CD-ROM:

Multiple-Choice-Test Vorlagen, Berichte und Formulare.

Ja, liefern Sie mir gegen Rechnung folgende Titel:

.	TaschenGuide *Trainer* mit CD-ROM je € 9.90	ISBN
		3-448-
		3-448-
		3-448-

Absender:

Firma

Name/Vorname (Ansprechpartner)

Position im Unternehmen/Abteilung

Straße, Nr./Postfach

PLZ, Ort

Telefon/Fax

Datum/Unterschrift

Materialverbrauch bewerten

Übung 16

5 min

Ein Unternehmen hat 373 Stück eines Rohstoffs zu einem Preis von 4,44 € auf Lager. Der Lieferant liefert weitere 200 Stück zu einem Preis von 4,20 €.

Berechnen Sie den Durchschnittspreis mithilfe der Methode des gewogenen Durchschnitts.

Lösungstipp

Den gewogenen Durchschnitt ermitteln Sie, indem Sie die Summe der Werte des Anfangsbestands (= Anfangsbestand × Preis des Anfangsbestands) und des Zugangs (= Zugang × Einstandspreis des Zugangs) durch die Gesamtmenge dividieren. Der Preis des Anfangsbestands entspricht dabei dem Einstandspreis der Vorperiode. Die Formel lautet:

$$\text{Durchschnittspreis} = \frac{\text{Wert Anfangsbestand} + \text{Wert Zugang}}{\text{Anfangsbestand} + \text{Zugang}}$$

Lösung

Der Preis des Anfangsbestands entspricht dabei dem Einstandspreis der Vorperiode. Erfassen Sie das Datenmaterial in einer Excel-Tabelle wie in unserer folgenden Abbildung. Berechnen Sie zunächst den Wert des Anfangsbestands. Dazu multiplizieren Sie die Menge des Anfangsbestands mit dessen Preis. Die Formel in B6 lautet =B3*B4.

In einem nächsten Schritt ermitteln Sie den Wert des Zugangs. Dieser ist das Produkt aus Zugangsmenge und Einstandspreis. Arbeiten Sie in B11 mit der Formel =B8*B9. Im folgenden Schritt addieren Sie in Zelle B13 die Werte von Anfangsbestand und Zugang und dividieren diese Summe durch die Summe der Mengen von Anfangsbestand und Zugang: =(B6+B11)/(B3+B8). Damit Excel Divisionen vor Additionen durchführt, müssen Sie die zu addierenden Werte in Klammern setzen.

	A	B
1	**Gewogene Durchschnittsmethode**	
2		
3	Anfangsbestand	373
4	Preis Anfangsbestand	4,44 €
5		
6	**Wert Anfangsbestand**	**1.656,12 €**
7		
8	Zugang	200
9	Einstandspreis Zugang	4,20 €
10		
11	**Wert Zugang**	**840,00 €**
12		
13	**Gewogener Durchschnitt**	**4,36 €**

Praxistipp

Sie können den gewogenen Durchschnitt auch mit einer einzigen Formel berechnen: =(B3*B4+B8*B9)/(B3+B8).

Kostenstellenrechnung

Kosten den Kostenstellen zuordnen

Übung 17

10 min

Die monatlichen Zinsbelastungen eines Unternehmens belaufen sich auf 9.050 €. Davon entfallen 500 € auf einen Kredit, der für eine Datenverarbeitungsanlage (KST 1040) aufgenommen wurde, 1.550 € können direkt der Kostenstelle 4010 zugeordnet werden. 2.050 € lassen sich also den Kostenstellen direkt zuordnen, für die verbleibenden 7.000 € ist das nicht möglich. Ordnen Sie die Zinsen den einzelnen Kostenstellen zu. Zur Bildung des Verteilungsschlüssels ziehen Sie den Anlagespiegel heran:

Verwaltungsbereich	**Nr. der KST**	**Anlagevermögen**
Geschäftsführung	1010	150.000,00 €
Personalabteilung	1020	50.000,00 €
Rechnungswesen	1030	30.000,00 €
EDV	1040	380.000,00 €
Allgemeine Kostenstellen		
Verwaltungsgebäude	1110	600.000,00 €
Fabrikgebäude	1120	700.000,00 €
Energieversorgung	1140	80.000,00 €
Fuhrpark	1190	400.000,00 €
Vertriebsbereich		
Vertriebsleitung	2000	70.000,00 €
Verkaufsabteilung I	2010	30.000,00 €
Verkaufsabteilung II	2020	30.000,00 €
Materialbereich		
Einkauf	3010	50.000,00 €
Lager	3030	250.000,00 €
Fertigungsbereich	4010	1.200.000,00 €

Lösung

Neben den Kosten, die Sie den Kostenstellen direkt zuordnen können, gibt es Kosten, die sich nur indirekt den Kostenstellen zuordnen lassen. Diese Kosten müssen über Verteilungsschlüssel verteilt werden.

Legen Sie zunächst das Tabellengrundgerüst zur Bildung des Verteilungsschlüssels an. Richten Sie dabei u. a. folgende Spalten ein:

- Verteilungsschlüssel,
- direkt zuzuordnende Kosten,
- indirekt zuzuordnende Kosten,
- Gesamtkosten.

Zur Bildung des Verteilungsschlüssels ermitteln Sie zunächst die Gesamtsumme des Anlagevermögens. Wenn Sie das Zahlenmaterial wie in der folgenden Abbildung erfassen, arbeiten Sie in Zelle C22 mit der Formel =SUMME(C4:C20).

	B	C	D	E	F	G
3	KST	Anlage-vermögen	Verteilung-sschlüssel	Direkte Kosten	Indirekte Kosten	Gesamt-kosten
4	1010	150.000,00 €	4%			
5	1020	50.000,00 €	1%			
6	1030	30.000,00 €	1%			
7	1040	380.000,00 €	9%	500,00 €		
8						
9	1110	600.000,00 €	15%			
10	1120	700.000,00 €	17%			
11	1140	80.000,00 €	2%			
12	1190	400.000,00 €	10%			
13						
14	2000	70.000,00 €	2%			
15	2010	30.000,00 €	1%			
16	2020	30.000,00 €	1%			
17			0%			
18	3010	50.000,00 €	1%			
19	3030	250.000,00 €	6%			
20	4010	1.200.000,00 €	30%	1.550,00 €		
21						
22		4.020.000,00 €	100%	2.050,00 €		

Formatieren Sie die Zellen, in denen der Schlüssel erscheinen soll, im Prozentformat. Dazu markieren Sie den Zellbereich D4 bis D22 und klicken auf die Schaltfläche Prozentformat.

Geben Sie in D4 die Formel =C4/$C$22 ein. Die Dollarzeichen im zweiten Teil der Formel sorgen dafür, dass auch beim späteren Kopieren der Formel in andere Felder immer durch den Betrag in Feld C22 dividiert wird.

Kopieren Sie die Formel in die nachfolgenden Zeilen, in denen der Schlüssel gebildet werden soll.

Erfassen Sie im nächsten Schritt die Zinsen, die Sie den Kostenstellen direkt zuordnen können.

Tragen Sie dazu in der Spalte „Direkte Kosten" für die Kostenstelle 1040 500 € und für die Kostenstelle 4010 1.550 € ein.

Bilden Sie in Zelle E22 die Summe der direkten Kosten mithilfe der Formel =SUMME(E4:E20).

Als Nächstes können Sie über den zuvor gebildeten Verteilungsschlüssel die indirekten Kosten ermitteln. Geben Sie den Wert von 7.000 €, der verteilt werden muss, in Zelle F22 ein.

Ermitteln Sie in F4 mithilfe der Formel =D4*$F$22 den Zinsanteil für die Kostenstelle 1010.

Kopieren Sie die Formel in die nachfolgenden Zeilen.

Abschließend müssen noch die gesamten Zinskosten je Kostenstelle ermittelt werden. Sie setzen sich aus den direkten und den indirekten Kosten zusammen. Tragen Sie in Zelle G4 die Formel =E4+F4 ein.

Kopieren Sie die Formel in die nachfolgenden Zeilen.

Die Summe aus Spalte G bilden Sie in G22 mithilfe der Formel =SUMME(G4:G20).

	D	E	F	G
3	Verteilungs-schlüssel	Direkte Kosten	Indirekte Kosten	Gesamt-kosten
4	4%		261,19 €	261,19 €
5	1%		87,06 €	87,06 €
6	1%		52,24 €	52,24 €
7	9%	500,00 €	661,69 €	1.161,69 €
8				
9	15%		1.044,78 €	1.044,78 €
10	17%		1.218,91 €	1.218,91 €
11	2%		139,30 €	139,30 €
12	10%		696,52 €	696,52 €
13				
14	2%		121,89 €	121,89 €
15	1%		52,24 €	52,24 €
16	1%		52,24 €	52,24 €
17	0%			
18	1%		87,06 €	87,06 €
19	6%		435,32 €	435,32 €
20	30%	1.550,00 €	2.089,55 €	3.639,55 €
21				
22	100%	2.050,00 €	7.000,00 €	9.050,00 €

Praxistipps

- Je nach Zahlenkonstellation können sich beim Ermitteln der indirekten Kosten Rundungsdifferenzen ergeben. Sollte dies bei Ihrem Zahlenmaterial der Fall sein, können Sie die Rundungsdifferenzen wie folgt ausgleichen:

Wählen Sie **Extras/Optionen** und öffnen Sie im folgenden Dialogfeld die Registerkarte **Berechnung**.

Aktivieren Sie das Kontrollkästchen **Genauigkeit wie angezeigt** und verlassen Sie den Dialog über **OK** oder durch Drücken der Enter-Taste.

Achtung: Bei Änderungen im Zusammenhang mit der Genauigkeit der Berechnungen ist Vorsicht geboten! Wenn die Berechnungsgenauigkeit geändert wird, passt Excel alle konstanten Werte in den Tabellenblättern der Arbeitsmappe dauerhaft an. Wollen Sie zu einem späteren Zeitpunkt eine Berechnung mit voller Genauigkeit durchführen, können Sie die zugrunde liegenden Werte nicht wiederherstellen!

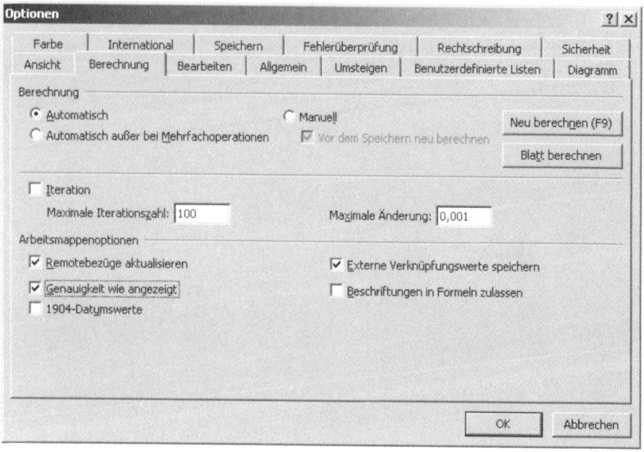

Bestätigen Sie die Warnmeldung ebenfalls.

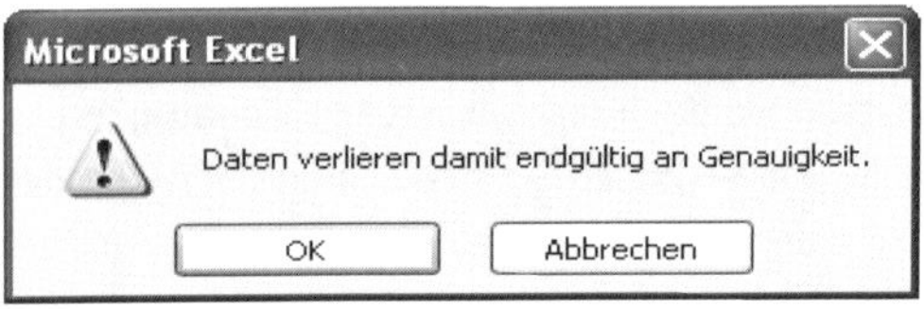

- Über die Kostenstellen können die Kosten später auf die Kostenträger weiterverrechnet werden

Kostenträgerrechnung

Einstufige Divisionskalkulation durchführen

Übung 18

5 min

Unter Kostenträgern versteht man die betrieblichen Leistungseinheiten, welche die verursachten Kosten tragen müssen. Man unterscheidet Kostenträgerstück- und Kostenträgerzeitrechnung.

Ein häufig angewandtes Kalkulationsverfahren im Zusammenhang mit der Kostenträgerstückrechnung ist die Divisionskalkulation, und zwar in Form der ein- oder zweistufigen, aber auch der mehrstufigen Divisionskalkulation. Darüber hinaus werden auch häufig die Äquivalenzziffernkalkulation und die Zuschlagskalkulation angewandt.

Ein Möbelhersteller produzierte im vergangenen Monat 50.000 Stühle. Die Gesamtkosten lagen bei 1.275.000 €. Berechnen Sie die Kosten je Stück mithilfe der einstufigen Divisionskalkulation.

Lösungstipp

Die allgemeine Formel zu Ermittlung der Selbstkosten je Stück im Zusammenhang mit der einstufigen Divisionskalkulation lautet:

$$\text{Selbstkosten je Stück} = \frac{\text{Gesamtkosten}}{\text{Menge}}$$

Lösung

In einer Excel-Tabelle erhalten Sie das Ergebnis durch eine einfache Division: =B3/B4

	A	B
1	**Einstufige Divisionskalkulation**	
2		
3	Gesamtkosten	1.275.000,00 €
4	Menge	50.000
5		
6	**Selbstkosten je Stück**	**25,50 €**

Praxistipp

Das Währungsformat erhalten Sie durch einen Klick auf die Schaltfläche **Euro** in der Standard-Symbolleiste. Wenn Sie die Ergebniszelle direkt im Währungsformat formatieren, erhalten Sie automatisch die korrekt gerundeten Nachkommastellen.

Zweistufige Divisionskalkulation durchführen

Übung 19

5 min

Ein Werkzeugmacher produzierte im vergangenen Monat 2.000 Stück eines Werkzeugs. Die Herstellkosten lagen bei 475.000 €. Die Verwaltungs- und Vertriebskosten betrugen zusammen 58.500 €. Abgesetzt wurde eine Menge von 1.850 Stück. Berechnen Sie die Kosten je Stück mithilfe der zweistufigen Divisionskalkulation.

Lösungstipp

Die allgemeine Formel zu Ermittlung der Selbstkosten je Stück im Zusammenhang mit der zweistufigen Divisionskalkulation lautet:

$$\text{Selbstkosten je Stück} = \frac{\text{Herstellkosten}}{\text{Produzierte Menge}} + \frac{\text{Verwaltungs- und Vertriebs-GK}}{\text{Abgesetzte Menge}}$$

Dabei steht GK für Gemeinkosten.

Lösung

Erfassen Sie zunächst die vier Werte zur Berechnung der Selbstkosten in einer leeren Excel-Tabelle. Vergleichen Sie dazu unsere folgende Abbildung.

Übersicht, insbesondere in komplexeren Tabellenmodellen, verschaffen Sie sich, wenn Sie die Zahlen nach Kosten und Mengen strukturieren:

	A	B
1	**Zweistufige Divisionskalkulation**	
2		
3		
4	Herstellkosten	475.000,00 €
5	Verwaltungs- und Vertriebs-GK	58.500,00 €
6		
7	Produzierte Menge	2000
8	Abgesetzte Menge	1850
9		
10	**Selbstkosten je Stück**	**269,12 €**

Die Selbstkosten je Stück ergeben sich in der Abbildung in der Zelle B10 mithilfe der Formel

=B4/B7+B5/B8.

Da Excel nach der Regel „Punktrechnung vor Strichrechnung" arbeitet, können Sie hier auf das Setzen von Klammern verzichten.

Praxistipp

Wenn Sie in Excel anstelle der Ergebnisse die Formeln anzeigen wollen, wählen Sie **Extras/Optionen**.

Aktivieren Sie die Registerkarte **Ansicht** und dort das Kontrollkästchen **Formeln.** Bestätigen Sie die Einstellung durch einen Klick auf die Schaltfläche **OK**.

Um später wieder die Ergebnisse angezeigt zu bekommen, gehen Sie entsprechend vor und entfernen das Häkchen unter **Formeln**.

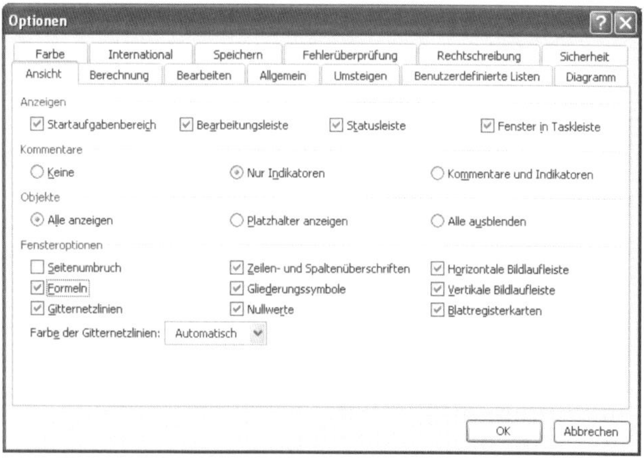

Deckungsbeitragsrechnung

Den einfachen Deckungsbeitrag ermitteln

Übung 20

5 min

In einem Unternehmen der Metallverarbeitung werden die vier Produkte A, B, C und D produziert: Von Produkt A werden 4.000 Stück gefertigt und zu je 25,00 € veräußert. Die Produktionszahl von B liegt bei 5.000 Stück, der Preis bei je 35,00 €. Von Produkt C und D werden jeweils 1.000 Stück hergestellt. Die Verkaufspreise liegen jeweils bei 59,00 € bzw. 69,00 €.

Die variablen Stückkosten betragen für Produkt A 17,00 €, für Produkt B 29,00 €, für Produkt C 39,00 € und für Produkt D 45,00 €. Fixkosten fallen insgesamt in Höhe von 77.000,00 € an. Ermitteln Sie die Höhe der einfachen Deckungsbeiträge der einzelnen Produkte und das Betriebsergebnis.

Lösungstipp

Der Deckungsbeitrag pro Stück entspricht der Differenz aus Preis und variablen Stückkosten. Multipliziert man die einzelnen Deckungsbeiträge mit der zugehörigen Stückzahl, ergibt sich die Gesamtsumme der Deckungsbeiträge. Das Betriebsergebnis wiederum ist die Differenz zwischen dem gesamten Deckungsbeitrag und den fixen Kosten.

Lösung

Legen Sie zunächst das Tabellengrundgerüst in Excel an. Richten Sie für jedes Produkt eine eigene Spalte ein. Die einzelnen Zahlen und Zwischenergebnisse werden in Zeilen geschrieben:

- Verkaufspreis
- Variable Stückkosten
- Einfacher Deckungsbeitrag/Stück
- Stückzahl
- Gesamtdeckungsbeitrag/Produkt

	A	B	C	D	E
1	**Deckungsbeitragsrechnung**				
2					
3		**Produkt A**	**Produkt B**	**Produkt C**	**Produkt D**
4	Verkaufspreis				
5	Variable Stückkosten				
6	**Einfacher Deckungsbeitrag/Stück**				
7					
8	Stückzahl				
9	**Gesamtdeckungsbeitrag/Produkt**				

Füllen Sie die Tabelle zunächst mit dem vorhandenen Zahlenmaterial.

Der einfache Deckungsbeitrag/Stück ist die Differenz zwischen Verkaufspreis und variablen Stückkosten. Die zugehörige Excel-Formel lautet in B6: =B4-B5.

Um den Gesamtdeckungsbeitrag für ein Produkt zu errechnen, multiplizieren Sie den einfachen Deckungsbeitrag mit der zugehörigen Stückzahl. Dazu arbeiten Sie in B9 mit der Formel =B6*B8.

Kopieren Sie die Formeln aus den Zellen B6 und B9 in die Nachbarspalten C, D und E. Auf diese Weise erhalten Sie die Zahlen für die übrigen drei Produkte.

Der Gesamtdeckungsbeitrag aus allen Einzeldeckungsbeiträgen wird in Zelle B11 ausgewiesen. Die Formel lautet hier: =SUMME(B9:E9).

	A	B	C	D	E
1	**Deckungsbeitragsrechnung**				
2					
3		**Produkt A**	**Produkt B**	**Produkt C**	**Produkt D**
4	Verkaufspreis	25,00 €	35,00 €	59,00 €	69,00 €
5	Variable Stückkosten	17,00 €	29,00 €	39,00 €	45,00 €
6	**Einfacher Deckungsbeitrag/Stück**	**8,00 €**	**6,00 €**	**20,00 €**	**24,00 €**
7					
8	Stückzahl	4000	5000	1000	1000
9	**Gesamtdeckungsbeitrag/Produkt**	**32.000,00 €**	**30.000,00 €**	**20.000,00 €**	**24.000,00 €**
10					
11	**Gesamtdeckungsbeitrag**	**106.000,00 €**			
12	Fixe Kosten	77.000,00 €			
13	**Betriebsergebnis**	**29.000,00 €**			

Das Betriebsergebnis ist die Differenz zwischen Gesamtdeckungsbeitrag und fixen Kosten. Um das Betriebsergebnis auszuweisen, setzen Sie in B13 die Formel =B11-B12 ein.

Eine zweistufige Deckungsbeitragsrechnung durchführen

Übung 21

5 min

Wie lautet der Deckungsbeitrag II, wenn für die Produkte C und D aus Übung 20 jeweils erzeugnisfixe Kosten in Höhe von 8.500 € anfallen?

Lösungstipp

Um den Deckungsbeitrag II auszurechnen, ziehen Sie vom Deckungsbeitrag I die erzeugnisfixen Kosten ab.

Die allgemeine Formel lautet:

Deckungsbeitrag II
= Deckungsbeitrag I – Erzeugnisfixe Kosten

Lösung

	A	B	C	D	E
1	**Deckungsbeitragsrechnung**				
2					
3		**Produkt A**	**Produkt B**	**Produkt C**	**Produkt D**
4	Verkaufspreis	25,00 €	35,00 €	59,00 €	69,00 €
5	Variable Stückkosten	17,00 €	29,00 €	39,00 €	45,00 €
6	**Einfacher Deckungsbeitrag/Stück**	**8,00 €**	**6,00 €**	**20,00 €**	**24,00 €**
7					
8	Stückzahl	4000	5000	1000	1000
9	**Deckungsbeitrag I**	**32.000,00 €**	**30.000,00 €**	**20.000,00 €**	**24.000,00 €**
10					
11	Erzeugnisfixe Kosten			8.500,00 €	8.500,00 €
12					
13	**Deckungsbeitrag II**	**32.000,00 €**	**30.000,00 €**	**11.500,00 €**	**15.500,00 €**

Den Deckungsbeitrag I haben Sie bereits in Übung 20 ermittelt. Bis zu diesem Punkt unterscheiden sich die Tabellengerüste nicht. Um den Deckungsbeitrag II auszurechnen, benötigen Sie zwei weitere Zeilen für die Positionen

- erzeugnisfixe Kosten und
- Deckungsbeitrag II.

Der Deckungsbeitrag II ergibt sich in D13 über die Formel =B9-B11. Kopieren Sie die Formel in die Nachbarspalten.

Da bei den Produkten A und B keine erzeugnisfixen Kosten zu berücksichtigen sind, sind dort Deckungsbeitrag I und II identisch.

Kurzfristige Erfolgsrechnung

Unternehmenserfolg ausrechnen

Übung 22

5 min

Erstellen Sie für das folgende Datenmaterial eine kurzfristige Erfolgsrechnung:

	Plan	Ist
Bruttoumsatzerlöse	1.200.000,00 €	1.153.121,00 €
Erlösschmälerungen	7.000,00 €	6.943,00 €
Fertigungskosten	1.000.000,00 €	950.456,00 €
Bestandsveränderungen	17.000,00 €	16.549,00 €
Fixkosten Produktion	5.000,00 €	4.123,00 €
Fixkosten Logistik	5.000,00 €	5.002,00 €
Allgemeine Fixkosten	120.000,00 €	130.000,00 €
Neutrale Erträge	10.000,00 €	8.277,00 €
Neutrale Aufwendungen	5.000,00 €	4.598,00 €

Lösungstipp

Um den Erfolg des Unternehmens möglichst frühzeitig erkennen zu können, arbeitet man mit einer kurzfristigen Erfolgsrechnung, bei der stufenweise Deckungsbeiträge sowie das Betriebs- und Unternehmensergebnis ermittelt werden.

Zur Durchführung einer kurzfristigen Erfolgsrechnung sind folgende Angaben notwendig: Bruttoumsatzerlöse, Erlösschmälerungen, variable Kosten, produktspezifische Fixkosten, allgemeine Fixkosten, neutrale Erträge und Aufwendungen.

Lösung

	A	B	C
1	**Kurzfristige Erfolgsrechnung**		
2		Plan	Ist
3	Bruttoumsatzerlöse	1.200.000,00 €	1.153.121,00 €
4	Erlösschmälerungen	7.000,00 €	6.943,00 €
5	**Nettoumsatzerlöse**	**1.193.000,00 €**	**1.146.178,00 €**
6	Fertigungskosten	1.000.000,00 €	950.456,00 €
7	Bestandsveränderungen	17.000,00 €	16.549,00 €
8	**Summe der variablen Kosten**	**1.017.000,00 €**	**967.005,00 €**
9	**Deckungsbeitrag I**	**176.000,00 €**	**179.173,00 €**
10	Fixkosten Produktion	5.000,00 €	4.123,00 €
11	Fixkosten Logistik	5.000,00 €	5.002,00 €
12	**Summe spez. Fixkosten**	**10.000,00 €**	**9.125,00 €**
13	**Deckungsbeitrag II**	**166.000,00 €**	**170.048,00 €**
14	Allgemeine Fixkosten	120.000,00 €	130.000,00 €
15	**Betriebsergebnis**	**46.000,00 €**	**40.048,00 €**
16	Neutrale Erträge	10.000,00 €	8.277,00 €
17	Neutrale Aufwendungen	5.000,00 €	4.598,00 €
18	**Neutrales Ergebnis**	**5.000,00 €**	**3.679,00 €**
19	**Unternehmensergebnis**	**41.000,00 €**	**36.369,00 €**

Das Unternehmensergebnis wird über folgende Zwischenpositionen ermittelt:

- Nettoumsatzerlöse
- Summe der variablen Kosten
- Deckungsbeitrag I
- Summe spezifische Fixkosten
- Deckungsbeitrag II
- Betriebsergebnis
- Neutrales Ergebnis

Die Bruttoumsatzerlöse werden um die Erlösschmälerungen reduziert und ergeben den Nettoumsatz. Die Formel in B5 lautet =B3-B4.

Vom Nettoumsatz werden die variablen Kosten subtrahiert. Dazu gehören Positionen im Fertigungsbereich wie Fertigungsmaterial, Fertigungslöhne, Energien, Verpackung etc. Auch die Bestandsveränderungen müssen in dieser Kategorie berücksichtigt werden. Die Summe der variablen Kosten wird in B8 mithilfe der Formel =B6+B7 gebildet.

Die Differenz zwischen dem Nettoumsatz und der Summe der variablen Kosten ergibt den Deckungsbeitrag I in B9: =B5-B8.

Nun wird der Deckungsbeitrag I um die spezifischen Fixkosten reduziert. Dabei handelt es sich um Kosten wie beispielsweise spezielle Marketingmaßnahmen, die sich gezielt einzelnen Produktgruppen zuordnen lassen. Die Summe der Fixkosten wird in B12 gebildet: =B10+B11.

Der Deckungsbeitrag II in B13 ist die Differenz zwischen dem Deckungsbeitrag I und den produktbezogenen Fixkosten. Die zugehörige Formel lautet =B9-B12.

Die allgemeinen Fixkosten wie Kosten für Unternehmensleitung, Datenverarbeitung etc. stehen in keinem direkten Zusammenhang mit den einzelnen Produktgruppen und werden vom Deckungsbeitrag II subtrahiert. Auf diese Weise erhalten Sie das Betriebsergebnis in Zelle B15: =B13-B14.

In einem nächsten Schritt wird das neutrale Ergebnis gebildet. Dabei werden die neutralen Erträge und die neutralen Aufwendungen in Zelle B18 saldiert. Die zugehörige Formel lautet: =B16-B17.

Um abschließend das Unternehmensergebnis zu ermitteln, bilden Sie in B19 den Saldo zwischen dem Betriebsergebnis und dem neutralen Ergebnis: =B15-B18.

Praxistipp

Die Formeln der Planspalte können Sie in die Spalte mit den Ist-Zahlen kopieren. Dadurch können Sie die kurzfristige Erfolgsrechnung bei Bedarf auf weitere Monate ausweiten.

Unternehmenserfolg ausrechnen

Übung 23

5 min

Errechnen Sie die absoluten und relativen Abweichungen für die Einzelpositionen der kurzfristigen Erfolgsrechnung aus Übung 22.

Lösungstipp

Die absoluten und relativen Abweichungen im Rahmen einer kurzfristigen Erfolgsrechnung ergeben sich, indem die Plan- und die Istwerte miteinander verglichen werden.

Lösung

Je nachdem, ob es sich um Erlöse oder um Kosten handelt, die verglichen werden, berechnen Sie die Abweichungen auf unterschiedliche Art und Weise:

	A	B	C	D	E
1	**Kurzfristige Erfolgsrechnung**				
2		Plan	Ist	Abw.	%
3	Bruttoumsatzerlöse	1.200.000,00 €	1.153.121,00 €	-46.879,00 €	-3,91%
4	Erlösschmälerungen	7.000,00 €	6.943,00 €	57,00 €	0,81%
5	**Nettoumsatzerlöse**	**1.193.000,00 €**	**1.146.178,00 €**	**-46.822,00 €**	-3,92%
6	Fertigungskosten	1.000.000,00 €	950.456,00 €	49.544,00 €	4,95%
7	Bestandsveränderungen	17.000,00 €	16.549,00 €	451,00 €	2,65%
8	**Summe der variablen Kosten**	**1.017.000,00 €**	**967.005,00 €**	**49.995,00 €**	4,92%
9	**Deckungsbeitrag I**	**176.000,00 €**	**179.173,00 €**	**3.173,00 €**	1,80%
10	Fixkosten Produktion	5.000,00 €	4.123,00 €	877,00 €	17,54%
11	Fixkosten Logistik	5.000,00 €	5.002,00 €	-2,00 €	-0,04%
12	**Summe spez. Fixkosten**	**10.000,00 €**	**9.125,00 €**	**875,00 €**	8,75%
13	**Deckungsbeitrag II**	**166.000,00 €**	**170.048,00 €**	**4.048,00 €**	2,44%
14	Allgemeine Fixkosten	120.000,00 €	130.000,00 €	-10.000,00 €	-8,33%
15	**Betriebsergebnis**	**46.000,00 €**	**40.048,00 €**	**-5.952,00 €**	-12,94%
16	Neutrale Erträge	10.000,00 €	8.277,00 €	-1.723,00 €	-17,23%
17	Neutrale Aufwendungen	5.000,00 €	4.598,00 €	402,00 €	8,04%
18	**Neutrales Ergebnis**	**5.000,00 €**	**3.679,00 €**	**-1.321,00 €**	-26,42%
19	**Unternehmensergebnis**	**41.000,00 €**	**36.369,00 €**	**-4.631,00 €**	-11,30%

Die Abweichungen bei den Bruttoumsatzerlösen in Zelle D3 ermitteln Sie mithilfe der Formel =C3-B3. Hier wird also die Planzahl von der Istzahl abgezogen. So ergibt sich eine negative Abweichung, wenn der Planwert größer als der Istwert ist, der Plan also nicht erfüllt wurde. Entsprechend werden die Abweichungen folgender Positionen gebildet:

- Nettoumsatzerlöse
- Betriebsergebnis
- Deckungsbeiträge
- Neutrales Ergebnis
- Unternehmensergebnis

Anders verhält sich die Berechnung bei den Erlösschmälerungen. In diesem Fall wird die Istzahl von der Planzahl abgezogen. Die Formel in D4 lautet: =B4-C4. Ist der Istwert niedriger als der Planwert, ergibt sich eine positive Abweichung, da die Erlösschmälerungen nicht so hoch ausgefallen sind wie erwartet.

Genauso verhält es sich bei der Berechnung der Abweichungen auf der Kostenseite. Die Formel in D6 lautet =B6-C6. Wenn die Kosten niedriger sind als erwartet, ergibt sich eine positive Abweichnung.

Die relative Abweichung ergibt sich, wenn Sie die absolute Abweichung ins Verhältnis zur Planzahl setzen.

Um zu verhindern, dass Excel eine Fehlermeldung anzeigt, wenn der Planwert gleich null ist, wird die Formel in eine WENN-Funktion eingebettet. Für den Fall, dass der Planwert null entspricht, wird in der Ergebniszelle der Wert null ausgewiesen. Ansonsten wird die Berechnung durchgeführt.

Die Formel in E3 lautet =WENN(B3=0;0;D3/B3). Durch einen Klick auf die Schaltfläche **Prozentformat** % wird das Ergebnis als Prozentwert angezeigt.

Praxistipp

Überprüfen Sie im Fall von Planabweichungen, ob diese nur in bestimmten Bereichen vorkommen oder gleichmäßig verteilt sind. Sind sie durchgängig vorhanden, stellt sich die Frage, ob die Prognosedaten realistisch waren.

Investitionsrechnung

In diesem Kapitel lernen Sie, wie Sie mithilfe von Excel

- Kosten von Investitionsprojekten vergleichen,
- die Inflationsrate berücksichtigen,
- den Kapitalrückfluss ermitteln,
- den internen Zinsfuß berechnen,
- den Amortisationszeitpunkt einer Investition herausfinden.

Darum geht es in der Praxis

Investitionsentscheide gehören zu den wichtigsten Entscheidungen, die in einem Unternehmen getroffen werden müssen. Durch Investitionen

- werden einerseits erhebliche finanzielle Mittel auf lange Sicht gebunden und
- andererseits sind sie ein wichtiger Faktor für die Wertsteigerung von Unternehmen.

Die Entscheidung für oder gegen ein Projekt bedarf deshalb einer sorgfältigen Vorbereitung.

Die Vorteilhaftigkeit von Investitionsprojekten ist oft nicht auf den ersten Blick ersichtlich. Vielmehr sind häufig umfangreiche Berechnungen durchzuführen, um eine entsprechende Aussage treffen zu können.

Verschiedene Rechenmodelle unterstützen Sie bei der Entscheidungsfindung für oder gegen die Anschaffung eines Wirtschaftsguts. Dabei müssen Sie

- Anschaffungskosten,
- Nutzungsdauer sowie
- laufende Kosten und Erlöse, die durch das Investitionsobjekt verursacht werden,

miteinander verknüpfen.

Statische Verfahren der Investitionsrechnung

Kostenvergleichsrechnung durchführen

Übung 24

10 min

Die Kostenvergleichsrechnung ist im Rahmen der Investitionsrechnungen ein einfaches Verfahren, um die Vorteilhaftigkeit von Investitionsmaßnahmen zu beurteilen. Von sich ausschließenden alternativen Investitionsprojekten sollte dasjenige mit den geringsten Kosten gewählt werden.

Beurteilen Sie die Anschaffung einer Immobilie, die ein Unternehmen als Büroraum nutzen will. Zur Auswahl stehen die drei Investitionsalternativen der Abbildung. Berücksichtigen Sie im Rahmen Ihrer Berechnungen Notar- und Grundbuchkosten für Beurkundung und Eigentumsumschreibung in Höhe von 1,5 % und Grunderwerbsteuer in Höhe von 3 %.

	A	B	C	D
1	**Objekt**	**A**	**B**	**C**
2	qm	115	110	108
3	Objektkosten	275.000,00 €	280.000,00 €	260.000,00 €
4	Renovierungskosten	10.000,00 €	5.000,00 €	20.000,00 €
5	Sonstiges	5.000,00 €	4.000,00 €	3.000,00 €
6	Maklergebühren	3,48%	4,50%	3%

Lösungstipp

Im Rahmen des Kostenvergleichs können Sie folgende Größen heranziehen: gesamte Anschaffungskosten, Kosten pro qm.

Lösung

Legen Sie sich zunächst ein geeignetes Tabellengrundgerüst wie in der folgenden Abbildung an. Wenn Sie das Zahlenmaterial bereits im Vorfeld gut strukturieren, erleichtert das die nachfolgenden Berechnungen.

	A	B	C	D	E
1	**Kostenvergleichsrechnung**				
2					
3	**Objekt**		**A**	**B**	**C**
4	qm		115	110	108
5	Maklergebühren-Satz		3,48%	4,50%	3,00%
6	Maklergebühren				
7	Objektkosten		275.000,00 €	280.000,00 €	260.000,00 €
8	Notar- und Gerichtskosten	1,50%			
9	Grunderwerbsteuer	3%			
10	Renovierungskosten		10.000,00 €	5.000,00 €	20.000,00 €
11	Sonstiges		5.000,00 €	4.000,00 €	3.000,00 €
12					
13	**Gesamte Anschaffungskosten**				
14	**Anschaffungskosten pro qm**				

Beginnen Sie mit der Berechnung der Maklergebühren in Zelle C6. Geben Sie dazu die Formel =C5*C7 ein.

In einem nächsten Schritt ermitteln Sie die Notar- und Gerichtskosten sowie die Grunderwerbsteuer.

Zur Berechnung der Notar- und Gerichtskosten für Objekt A multiplizieren Sie den Wert aus Zelle B8 mit den Objektkosten. Die Formel in C8 lautet: =$B$8*C7. B8 wird absolut gesetzt, damit die Formel zum Kopieren weiterer Berechnungen herangezogen werden kann.

Um die Grunderwerbsteuer auszurechnen, arbeiten Sie in Zelle C9 mit der Formel =$B$9*C7. Hier muss B9 ebenfalls absolut gesetzt werden.

Die gesamten Anschaffungskosten ergeben sich, indem Sie in Zelle C13 die Objektkosten, Maklergebühren, Notar- und Grundbuchkosten sowie Grunderwerbsteuer, Reparaturkosten und sonstige Kosten addieren: =SUMME(C6:C11).

	A	B	C	D	E
3	**Objekt**		**A**	**B**	**C**
4	qm		115	110	108
5	Maklergebühren-Satz		3,48%	4,50%	3,00%
6	Maklergebühren		9.570,00 €	12.600,00 €	7.800,00 €
7	Objektkosten		275.000,00 €	280.000,00 €	260.000,00 €
8	Notar- und Gerichtskosten	1,50%	4.125,00 €	4.200,00 €	3.900,00 €
9	Grunderwerbsteuer	3%	8.250,00 €	8.400,00 €	7.800,00 €
10	Renovierungskosten		10.000,00 €	5.000,00 €	20.000,00 €
11	Sonstiges		5.000,00 €	4.000,00 €	3.000,00 €
12					
13	**Gesamte Anschaffungskosten**		**311.945,00 €**	**314.200,00 €**	**302.500,00 €**
14	**Anschaffungskosten pro qm**		**2.712,57 €**	**2.856,36 €**	**2.800,93 €**

Die Kosten pro Quadratmeter ergeben sich, indem Sie die gesamten Anschaffungskosten durch die Quadratmeterzahl dividieren. In C14 erhalten Sie den entsprechenden Wert mithilfe der Formel =C13/C4.

Kopieren Sie nun die Lösungsformeln jeweils in die Nachbarspalten D und E.

Objekt C weist mit 302.500,00 € die niedrigsten Anschaffungskosten aus. Die Anschaffungskosten pro Quadratmeter sind bei Objekt A mit 2.712,57 € am geringsten.

Praxistipps

- Die niedrigsten Kosten können Sie alternativ mithilfe der Funktion RANG() herausfinden. Für die Ergebniswerte wird dabei jeweils eine Ranglistenposition aufgestellt. Das Investitionsobjekt mit den niedrigsten Kosten erhält die Nummer 1 usw. Um die Funktion RANG() für die Analyse der Anschaffungskosten einzusetzen, arbeiten Sie für Objekt A mit der Formel =RANG(C13;$C$13:$E$13;1). Kopieren Sie die Formel in die Nachbarspalten.

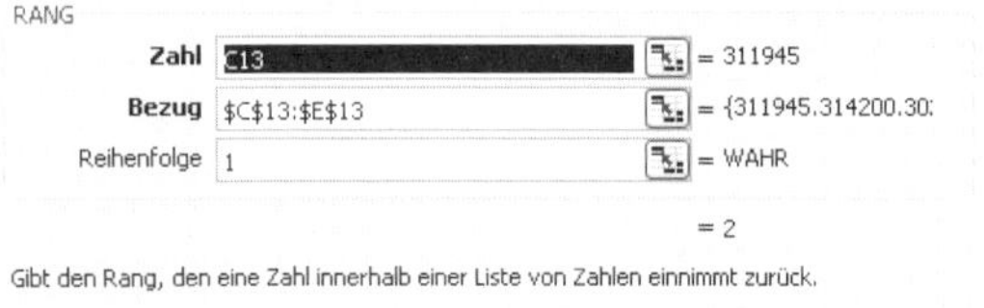

- Wir empfehlen, im Rahmen der Kostenvergleichsrechnung nur Investitionen der gleichen Art gegenüberzustellen, zum Beispiel Autos verschiedener Marken oder bestimmte Maschinentypen unterschiedlicher Hersteller usw., bei denen die Erlössituation nicht berücksichtigt werden muss.

Dynamische Verfahren der Investitionsrechnung

Kapitalrückfluss ermitteln

Übung 25

10 min

Ein Metallverarbeitungsunternehmen plant die Anschaffung einer neuen Fertigungsmaschine, deren Anschaffungskosten bei 350.000 € liegen. Die Investition wird aus eigenen Mitteln getätigt, die alternativ zu einem Zinssatz von 4,75 % auf dem Kapitalmarkt angelegt werden könnten. Die Nutzungsdauer der Anlage beträgt zehn Jahre, danach wird sie verschrottet. Die Abschreibung erfolgt linear.

Im Rahmen der jährlichen Kosten müssen Energien in Höhe von 2.000 € sowie Instandhaltung und Wartung in Höhe von 1.500 € in das Kalkül einbezogen werden. Einsparungen von 120.000 € per anno ergeben sich durch einen geringeren Mitarbeiterbedarf. Das Unternehmen geht von einer jährlichen Preissteigerungsrate von 1,5 % aus.

Berechnen Sie den Kapitalrückfluss und den Saldo aus dem Kapitaleinsatz für die nächsten fünf Jahre.

Lösungstipp

Der Kapitalrückfluss ist der Saldo zwischen folgenden Werten: Anschaffungskosten, erwartete Einsparungen, erwartete Kosten und entgangener Zinsgewinn.

Lösung

Legen Sie zunächst ein geeignetes Tabellengrundgerüst zur Strukturierung der Zahlen an:

	A	B	C	D	E	F
1	Kapitalrückfluss ermitteln					
2						
3		2006	2007	2008	2009	2010
4	Anschaffungskosten					
5	Abschreibung					
6	Energiekosten					
7	Instandhaltung/Wartung					
8	Summe der Ausgaben					
9	Entgangene Zinserträge					
10	Einsparungen					
11						
12	Kapitalrückfluss					

Geben Sie in die Zelle B4 die Anschaffungskosten ein.

Die Abschreibung in Zelle B5 wird mithilfe der Funktion LIA() ermittelt. LIA() gehört zur Kategorie der finanzmathematischen Funktionen und berechnet die lineare Abschreibung. Positionieren Sie den Cursor in die Zelle, in der das Ergebnis erscheinen soll, und wählen Sie **Einfügen/Funktion**.

Markieren Sie im Listenfeld **Kategorie auswählen** den Eintrag **Finanzmathematik** und unter **Funktion auswählen** die Funktion **LIA**.

Die Funktion arbeitet mit drei Argumenten: Anschaffungswert, Restwert und Nutzungsdauer.

- Der Anschaffungswert entspricht den Anschaffungs- bzw. Herstellkosten eines Wirtschaftsguts.
- Der Restwert ist der Wert am Ende der Nutzungsdauer und ist im Beispiel gleich null.

- Die Nutzdauer steht für die Anzahl der Perioden, über die das Wirtschaftsgut abgeschrieben wird, hier: 10 Jahre.

Die Formel lautet =LIA($B$4;0;10). Kopieren Sie die Formel in die Nachbarzellen.

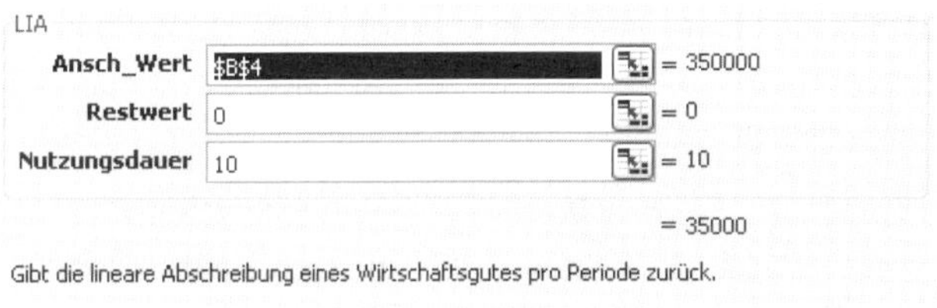

Als Nächstes machen Sie Angaben zu den Energiekosten, zur Instandhaltung/Wartung sowie zu den erwarteten Einsparungen.

Um die Inflationsrate zu berücksichtigen, geben Sie in Zelle C6 die Formel =B6*1,015 ein. Entsprechend lauten die Formeln in C7: =B7*1,015 und C11: =B11*1,015. Kopieren Sie die Formeln in die Nachbarspalten.

Die Summe der Ausgaben ergibt sich in B8 mithilfe der Formel =B6+B7. Kopieren Sie diese Formel ebenfalls in die Nachbarspalten.

Die entgangenen Zinserträge werden in einer Nebenrechnung ermittelt. Grundlage der Berechnungen sind die Anschaffungskosten und der Zinssatz, der alternativ für die Geldanlage gezahlt würde. Wenn Sie die Zahlen wie in der folgenden Abbildung erfassen, lautet die Formel in B20: =A20*$C$19.

19	Nebenrechnung	Zinssatz	4,75%
20	350.000,00 €	16.625,00 €	366.625,00 €
21	366.625,00 €	17.414,69 €	384.039,69 €
22	384.039,69 €	18.241,89 €	402.281,57 €
23	402.281,57 €	19.108,37 €	421.389,95 €
24	421.389,95 €	20.016,02 €	441.405,97 €

Anschließend addieren Sie das ursprüngliche Kapital und die Zinsen in C20: =A20+B20. Dieses Kapital kann im nächsten Jahr angelegt und erneut verzinst werden.

Übernehmen Sie den Wert von 366.625,00 € mithilfe der Formel =C20 in die Zelle A21 und kopieren Sie die Formel in die nächsten drei Zeilen.

Anschließend kopieren Sie die Formeln aus B20 und C20 in die nächsten vier Zeilen. Die ermittelten Zahlen können Sie jetzt in die Kapitalrückflussrechnung übernehmen.

	A	B	C	D	E	F
1	Kapitalrückfluss ermitteln					
2						
3		2006	2007	2008	2009	2010
4	Anschaffungskosten	350.000,00 €				
5	Abschreibung	35.000,00 €	35.000,00 €	35.000,00 €	35.000,00 €	35.000,00 €
6	Energiekosten	2.000,00 €	2.030,00 €	2.060,45 €	2.091,36 €	2.122,73 €
7	Instandhaltung/Wartung	1.500,00 €	1.522,50 €	1.545,34 €	1.568,52 €	1.592,05 €
8	Summe der Ausgaben	3.500,00 €	3.552,50 €	3.605,79 €	3.659,87 €	3.714,77 €
9	Entgangene Zinserträge	16.625,00 €	17.414,69 €	18.241,89 €	19.108,37 €	20.016,02 €
10						
11	Einsparungen	120.000,00 €	121.800,00 €	123.627,00 €	125.481,41 €	127.363,63 €
12		-350.000,00 €				
13	Kapitalrückfluss	99.875,00 €	100.832,81 €	101.779,33 €	102.713,16 €	103.632,83 €

Jetzt liegt das Datenmaterial zur Ermittlung des Kapitalrückflusses vor. Geben Sie in Zelle B13 die Formel =B11-B8-B9 ein und kopieren Sie sie in die Nachbarzellen.

Der Saldo aus dem Kapitaleinsatz ergibt sich, indem Sie zunächst die Anschaffungskosten in Höhe von 350.000 €

mit dem Kapitalrückfluss aus Zelle B13, also dem Wert von 99.875,00 €, saldieren.

Die Formel in B14 lautet: =B13-B4. Sie erhalten ein Ergebnis von -250.125,00 €.

Diesen Wert müssen Sie mit dem voraussichtlichen Kapitalrückfluss des kommenden Jahres in C14 saldieren: =B14+C13. Diese Formel kopieren Sie in die Nachbarspalten.

Praxistipp

Wenn Sie wie in unserer Tabelle Jahreszahlen fortschreiben, können Sie das mit einer kleinen Formel erledigen. Addieren Sie zum Ausgangsjahr einfach den Wert 1 (Zelle C3:=B3+1) und kopieren Sie die Formel in die Nachbarzellen.

Interne Zinsfußmethode anwenden

Übung 26

5 min

Legen Sie das Datenmaterial aus Übung 25 zugrunde und berechnen Sie den internen Zins. Vergleichen Sie diesen mit der Mindestverzinsung.

Lösungstipp

Unter dem internen Zins versteht man die Rendite oder die Effektivverzinsung, die eine Investition für einen festgelegten Zeitraum erbringt. Dabei wird der Zinsfuß errechnet, der sich bei einem Kapitalwert von null ergibt.

Amortisationszeitpunkt ermitteln

Übung 27

5 min

Die Amortisationsrechnung geht von der Überlegung aus, ob sich eine Anlage in einem bestimmten Zeitraum amortisiert, das heißt bezahlt macht, oder nicht. Wenn die Amortisationszeit unter der Nutzungsdauer liegt, erscheint das Investitionsprojekt als vorteilhaft. Eine Anlage hat sich amortisiert, sobald die Erlöse die Anschaffungsauszahlungen und die laufenden Betriebskosten decken.

Ermitteln Sie für das Beispiel der vorangegangenen Übung den Amortisationszeitpunkt.

Lösung von Übung 26

Das Datenmaterial zur Berechnung des internen Zinsfußes liegt bereits durch den in Übung 25 berechneten Kapitalrückfluss vor.

Excel stellt zur Ermittlung des internen Zinsfußes die Funktion IKV() zur Verfügung. Sie gehört zur Kategorie der finanzmathematischen Funktionen.

Positionieren Sie den Cursor in die Zelle, in der das Ergebnis erscheinen soll, und klicken Sie auf die Schaltfläche **Prozentformat** %.

Geben Sie in B12 die Formel =B4*(-1) ein. Dadurch wird die Anschaffungsausgabe negativ. Gleichzeitig erscheint der Wert, der in die Berechnung des internen Zinsfußes einfließt, in einer Zelle, die an die Daten der Kapitalflussrechnung angrenzt. Das ist für die weitere Vorgehensweise vorteilhaft.

Wählen Sie **Einfügen/Funktion**. Markieren Sie im Listenfeld **Kategorie auswählen** den Eintrag **Finanzmathematik** und unter **Funktion auswählen** die Funktion **IKV**. Sie gelangen in den zweiten Schritt der Funktion, in das Feld **Funktionsargumente**.

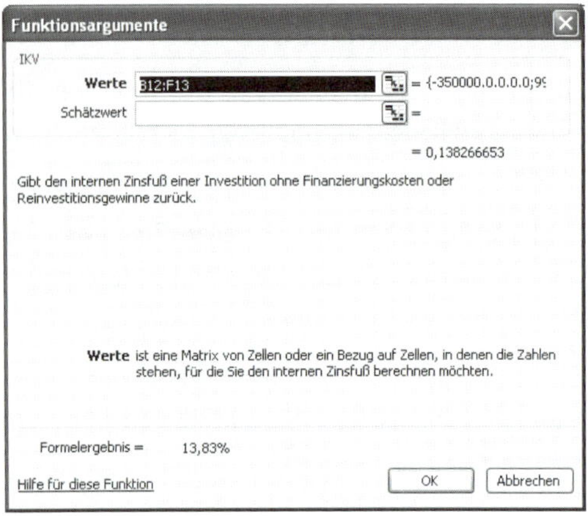

Die Funktion IKV() arbeitet mit den Argumenten **Werte** und **Schätzwert**.

- Das Argument **Werte** entspricht der zu der Investition gehörenden Zahlungsreihe, hier den Werten aus der Zeile **Kapitalrückfluss**. Damit der interne Zinsfuß berechnet werden kann, muss das Argument **Werte** mindestens einen positiven und einen negativen Wert haben. Die einzelnen Werte werden durch Semikola voneinander getrennt. Der negative Wert entspricht der Auszahlung im Zusammenhang mit der Investition, den Sie bereits in B12 gebildet haben. Der positive Wert entspricht einem oder mehreren Gewinnen bzw. Auszahlungsüberschüssen im Zusammenhang mit einem Investitionsobjekt oder einer Geldanlage.
- Das Argument **Schätzwert** ist eine Zahl, von der Sie annehmen, dass sie in der Größenordnung des Ergebnisses,

also des internen Zinses, liegt. Excel arbeitet mit einem Schätzwert, da zur Berechnung der Funktion IK() ein Iterationsverfahren eingesetzt wird. Das Verfahren beginnt mit dem Schätzwert. Die Funktion wird so lange ausgeführt, bis das Ergebnis eine Genauigkeit von 0,00001 % erzielt. Liegt nach 20 Durchgängen kein geeignetes Ergebnis vor, erhalten Sie die Fehlermeldung **#Zahl**. Wenn Sie keine Angaben zum Schätzwert machen, nimmt Excel automatisch 0,1 beziehungsweise 10 % an. In der Praxis ist die Angabe des Schätzwerts häufig nicht erforderlich.

IKV() geht davon aus, dass die Zahlungen in der Reihenfolge erfolgen, in der sie im Argument **Werte** angegeben sind. Achten Sie darauf, dass Sie die Ein- und Auszahlungen in der korrekten Reihenfolge angeben.

Die Formel in der Ergebniszelle lautet =IKV(B12:F13). Ein Schätzwert wird im aktuellen Beispiel nicht benötigt.

Nachdem Sie das Dialogfeld über **OK** verlassen haben, erhalten Sie ein Ergebnis von 13,83 %. Der interne Zinsfuß liegt damit erheblich über der geforderten Mindestverzinsung von 4,75 %. Die Investition ist somit für das aktuelle Beispiel vorteilhaft.

B16 =IKV(B12:F13)

	A	B	C	D	E	F
12		-350.000,00 €				
13	**Kapitalrückfluss**	99.875,00 €	100.832,81 €	101.779,33 €	102.713,16 €	103.632,83 €
14	**Saldo Kapitaleinsatz/-rückfluss**	-250.125,00 €	-149.292,19 €	- 47.512,86 €	55.200,30 €	158.833,13 €
15						
16	**Interner Zins**	13,83%				
17						

Lösung von Übung 27

Zur Ermittlung der Amortisationsdauer müssen Sie aus der Tabelle zu Übung 25 den Zeitpunkt ermitteln, zu dem das investierte Kapital zurückgeflossen ist. Das ist der Fall, wenn der Wert der Zeile 14 größer als null ist.

Setzen Sie die Eingabemarkierung in die Zelle B16. Geben Sie dort folgende Formel ein:

=WENN(B14>0;B3+1-2006;" ")

Diese Formel ist quasi eine Vorbereitung auf die weiteren Schritte. Sie vergleicht den Saldo Kapitaleinsatz/-rückfluss mit der Anschaffungsausgabe. Sollte der Saldo in Zeile 14 größer als null sein, ist die Amortisationsdauer aus der Differenz der jeweiligen Jahreszahl der Zeile drei plus dem Wert eins und dem Jahr 2006 zu errechnen. Dabei wird unterstellt, dass die Investition zu Beginn des Jahres 2006 getätigt wurde.

Kopieren Sie die Formel bis in Spalte F. Im Jahr 2009 erscheint die Zahl 4. Das heißt, dass sich die Investition innerhalb dieses Zeitraums amortisiert hat.

Diese Zahl soll in Zelle B17 neben dem Begriff „Amortisationsdauer" erscheinen. Über die Funktion MIN() der Kategorie der Statistikfunktionen wird die kleinste Zahl des Bereichs B16 bis F16 gesucht, da diese die Amortisationsdauer wiedergibt.

Wählen Sie **Einfügen/Funktion**. Markieren Sie im Listenfeld **Kategorie auswählen** den Eintrag **Statistik** und unter **Funktion auswählen** die Funktion **MIN**.

Klicken Sie doppelt auf diesen Eintrag. Sie gelangen in den zweiten Schritt der Funktion, das Dialogfeld **Funktionsargumente**. Geben Sie in das Feld **Zahl1** B16:F16 ein. Verlassen Sie das Fenster durch einen Klick auf die Schaltfläche **OK**.

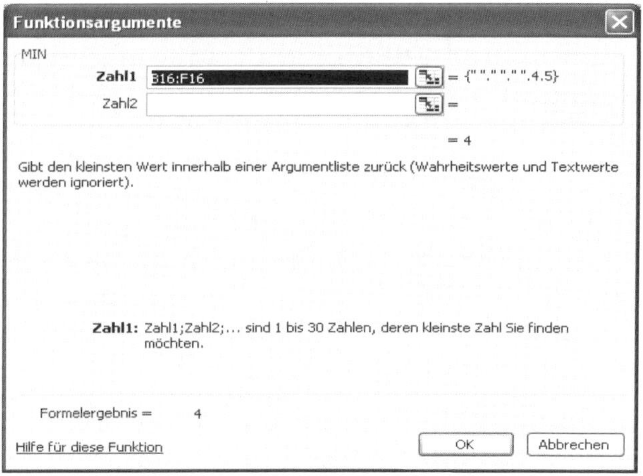

Die vollständige Formel zur Ermittlung des Minimums lautet: =MIN(B16:F16)

	A	B	C	D	E	F
1	Amortisationsdauer ermitteln					
2						
3		2006	2007	2008	2009	2010
4	Anschaffungskosten	350.000,00 €				
5	Abschreibung	35.000,00 €	35.000,00 €	35.000,00 €	35.000,00 €	35.000,00 €
6	Energiekosten	2.000,00 €	2.030,00 €	2.060,45 €	2.091,36 €	2.122,73 €
7	Instandhaltung/Wartung	1.500,00 €	1.522,50 €	1.545,34 €	1.568,52 €	1.592,05 €
8	Summe der Ausgaben	3.500,00 €	3.552,50 €	3.605,79 €	3.659,87 €	3.714,77 €
9	Entgangene Zinserträge	16.625,00 €	17.414,69 €	18.241,89 €	19.108,37 €	20.016,02 €
10						
11	Einsparungen	120.000,00 €	121.800,00 €	123.627,00 €	125.481,41 €	127.363,63 €
12		-350.000,00 €				
13	Kapitalrückfluss	99.875,00 €	100.832,81 €	101.779,33 €	102.713,16 €	103.632,83 €
14	Saldo Kapitaleinsatz/-rückfluss	-250.125,00 €	-149.292,19 €	- 47.512,86 €	55.200,30 €	158.833,13 €
15						
16						
17	Amortisationsdauer	4				

Praxistipp:

Aus optischen Gründen werden die Daten in Zeile 16 verborgen. Dazu wird dem Zellbereich über die Schaltfläche **Schriftfarbe** der Format-Symbolleiste dieselbe Farbe wie dem Zellhintergrund zugewiesen.

Wenn Sie in einer Tabelle anstelle des Minimus das Maximum ermitteln wollen, setzten Sie die Funktion MAX() ein. Der Aufbau der Funktion entspricht MIN().

Betriebliche Kennzahlensysteme

In diesem Kapitel lernen Sie, wie Sie mithilfe von Excel

- mit Marketing- und Vertriebskennzahlen arbeiten,
- Kennziffern aus dem Personalbereich einsetzen,
- verschiedene Lagerkennzahlen bilden,
- Kennzahlen aus dem Bereich Einkauf umsetzen.

Darum geht es in der Praxis

Kennzahlen stellen in komprimierter Form wichtige betriebswirtschaftliche Zusammenhänge dar und fassen messbare betriebliche Tatbestände zusammen. Sie zeigen die Stärken und Schwächen eines Unternehmens.

Zwar stellt Excel eine kaum überschaubare Menge an Funktionen zur Verfügung, in der Praxis zeigt sich jedoch immer wieder, dass diese für die individuellen Bedürfnisse der einzelnen Anwender nicht unbedingt ausreichen. Das trifft insbesondere auf betriebswirtschaftliche Kennzahlen zu, die viele Anwender regelmäßig einsetzen. Entsprechende Zahlen müssen in Excel mit eigenen Formeln hergeleitet werden.

Nicht nur aus der Bilanz oder der Gewinn- und Verlust-Rechnung werden Kennziffern abgeleitet. Auch für andere wichtige betriebliche Bereiche wie Marketing und Vertrieb, Personalwesen, Lager und Einkauf werden Kennzahlen gebildet, die mit den Grundstock für den Unternehmenserfolg legen.

- Im Bereich Marketing und Vertrieb sind u. a. die Ermittlung des Marktanteils und Auftragskennzahlen von Bedeutung.
- Personalkennzahlen geben u. a. Auskunft über die Personalstruktur sowie den Personalaufwand.
- Auch die Materialwirtschaft und damit verbunden Einkauf und Lagerhaltung bieten Ansatzpunkte zur Untersuchung.

Marketing- und Vertriebskennzahlen

Höhe des Marktanteils berechnen

Übung 28

5 min

Die Branchenumsätze verteilen sich im Wesentlichen auf die Konkurrenten A, B, C, D.

- A macht einen Umsatz von rund 5,7 Mio. €.
- B macht einen Umsatz von rund 11,4 Mio. €.
- C macht einen Umsatz von rund 8,2 Mio. €.
- D macht einen Umsatz von rund 14,1 Mio. €.

Das Umsatzvolumen weiterer kleinerer Unternehmen wird auf insgesamt 2 Mio. € geschätzt.

Berechnen Sie die Marktanteile der einzelnen Unternehmen.

Lösungstipp

Um den Marktanteil der einzelnen Wettbewerber zu ermitteln, müssen Sie zunächst das gesamte Marktvolumen ausrechnen. Dazu addieren Sie in einer Excel-Tabelle die Umsätze der einzelnen Konkurrenten sowie der sonstigen Wettbewerber.

Lösung

C4 | f_x =B4/$B$9

	A	B	C
1	**Marktanteil berechnen**		
2			
3	**Wettbewerbei**	**Umsatz**	
4	A	5.700.000,00 €	14%
5	B	11.400.000,00 €	28%
6	C	8.200.000,00 €	20%
7	D	14.100.000,00 €	34%
8	Sonstige	2.000.000,00 €	5%
9	**Gesamt**	**41.400.000,00 €**	100%

Der Gesamtumsatz wird in Zelle B9 mithilfe der Formel =SUMME(B4:B8) gebildet. Der Anteil von A wird in Zelle C4 berechnet. Tragen Sie hier die Formel =B4/$B$9 ein. Kopieren Sie die Formel in die nachfolgenden Zeilen.

Praxistipp

Achten Sie beim Kopieren von Formeln darauf, ob die Bezüge relativ oder absolut sind. Ein relativer Bezug passt sich beim Verschieben und Kopieren von Formeln in andere Zellen an die Zellbezüge automatisch an. Für die vorangegangene Berechnung ist das für die Zelle B9, durch die dividiert wird, nicht erwünscht. B9 muss absolut gesetzt werden. Dazu setzt man in Excel das Dollarzeichen ein.

Kennzahlen zur Auftragskontrolle bilden

Übung 29

5 min

In einem mittelständischen Industrieunternehmen liegen folgende Daten für das vorangegangene Geschäftsjahr vor:

Anzahl Kunden: 2731, Anzahl Angebote: 15.499, Anzahl Aufträge: 12.901, Wert Auftragseingang 5.471.908 €.

Ermitteln Sie aus diesen Informationen Kennzahlen zur Auftragskontrolle.

Lösungstipp

Sie können folgende Kennzahlen bilden:

$$\text{Erfolgsquote} = \frac{\text{Anzahl der Angebote}}{\text{Anzahl der Aufträge}}$$

$$\text{Verhältnis Kunden/Auftrag} = \frac{\text{Anzahl der Aufträge}}{\text{Anzahl der Kunden}}$$

$$\text{Durchschnittliche Auftragsgröße} = \frac{\text{Gesamtwert Auftragseingänge}}{\text{Anzahl der Aufträge}}$$

Lösung

Erfassen Sie zunächst das Datenmaterial wie in unserer Abbildung.

	A	B
1	**Auftragskontrollzahlen**	
2		
3	Anzahl der Kunden	2.731
4	Anzahl der Angebote	15.499
5	Anzahl der Aufträge	12.901
6	Wert Auftragseingänge	5.471.908,00 €
7		
8	**Erfolgsquote**	**83%**
9	**Verhältnis Kunden/Auftrag**	**4,72**
10	**Durchschnittliche Auftragsgröße**	**424,15 €**

Die Erfolgsquote zeigt das Verhältnis der Anzahl der Angebote zur Anzahl der Aufträge. Sie wird in B8 wie folgt gebildet: =B5/B4. Im aktuellen Beispiel liegt sie bei 83 %.

Mit einer Erfolgsquote, die gegen 100 % tendiert, darf man in jedem Fall zufrieden sein. Niedrige Erfolgsquoten können zwar branchenüblich sein, sollten jedoch kritisch analysiert werden. In diesem Zusammenhang muss dann geklärt werden, warum nur wenige Aufträge letztendlich zum Vertragsabschluss führen.

Das Verhältnis Kunden/Auftrag zeigt, wie viele Aufträge Sie durchschnittlich von einem Kunden erhalten. Arbeiten Sie in B9 mit der Formel =B5/B3. Für die Beispielzahlen erhalten Sie einen Wert von 4,723910655.

Damit nur zwei Nachkommastellen angezeigt werden, markieren Sie die Zelle und wählen Sie **Format/Zellen/Zahlen**. Entscheiden Sie sich unter **Kategorie** für den Eintrag **Zahlen** und übernehmen Sie unter **Dezimalstellen** den Eintrag „2" durch einen Klick auf die Schaltfläche **OK**.

Ob der Wert von 4,72 gut oder schlecht ist, kann nicht pauschal beantwortet werden, sondern hängt von den Branchengegebenheiten ab. Tendiert die Zahl gegen 100 % können Sie in jedem Fall zufrieden mit dem Ergebnis sein.

Zur Berechnung der durchschnittlichen Auftragsgröße tragen Sie in B10 die Formel =B6/B5 ein. Sie erhalten einen Wert von 424,15 €.

Personalkennzahlen

Kennzahlen für den Personalbereich bilden

Übung 30

5 min

Aus dem Geschäftsbericht eines Textilunternehmens ergeben sich folgende Zahlen für das vergangene Geschäftsjahr:

- Umsatz: 12,6 Mio. €
- Personalkosten: 1,7 Mio. €
- Durchschnittliche Anzahl der Mitarbeiter: 37
- Kündigungen von Seiten der Mitarbeiter: 4

Bilden Sie anhand dieser Angaben folgende Kennzahlen:

- Pro-Kopf-Umsatz
- Personalkosten je Mitarbeiter
- Lohnquote
- Fluktuationsquote

Lösungstipp

Personalkennzahlen ermöglichen eine zielorientierte Bewertung personalwirtschaftlicher Maßnahmen und sind ein wichtiges Steuerinstrument im Unternehmen. Sie zeigen die Beziehung zwischen der Belegschaft und dem Unternehmen sowie die Mitarbeiterstruktur auf. Bei allen Zahlen handelt es sich um Verhältniszahlen, die auf Basis einer Division gebildet werden.

Lösung

Erfassen Sie die Daten in einer Excel-Tabelle.

	A	B
1	**Personalkennzahlen**	
2		
3	Umsatz	12.600.000,00 €
4	Personalkosten	1.700.000,00 €
5	Mitarbeiterzahl	37
6	Anzahl Kündigungen	4
7		
8	Pro-Kopf-Umsatz	**340.540,54 €**
9	Personalkosten je Mitarbeiter	**45.945,95 €**
10	Lohnquote	**13%**
11	Fluktuationsquote	**11%**

Die allgemeinen Formeln zur Bildung der Kennziffern lauten:

$$\text{Pro-Kopf-Umsatz} = \frac{\text{Umsatz}}{\text{Durchschnittliche Anzahl Beschäftigte}}$$

(Tabelle: =B3/B5)

$$\text{Personalkosten je Mitarbeiter} = \frac{\text{Personalkosten einer Periode}}{\text{Durchschn. Anzahl Beschäftigte}}$$

(Tabelle: =B4/B5)

$$\text{Lohnquote} = \frac{\text{Personalaufwand}}{\text{Leistung (Umsatz)}} \times 100$$

(Tabelle: =B4/B3)

$$\text{Fluktuationsquote} = \frac{\text{Anzahl der Austritte}}{\text{Durchschn. Anzahl Beschäftigte}} \times 100$$

(Tabelle: =B6/B5)

Lagerkennzahlen

Lagerkennzahlen ermitteln

Übung 31

5 min

Durch die Bildung von Lagerkennzahlen werden bei einem Möbelhersteller die Zusammenhänge von Risiken und Kosten aufgezeigt und vergleichbar gemacht. Die Daten der folgenden Abbildung liegen vor:

Jahresanfangsbestand	2.754,00
Jahresendbestand	3.125,00
Bestände in den Monaten	
Januar	1.789,00
Februar	2.589,00
März	4.567,00
April	4.563,00
Mai	3.256,00
Juni	1.236,00
Juli	1.987,00
August	2.145,00
September	2.578,00
Oktober	3.250,00
November	2.987,00
Dezember	2.845,00

Berechnen Sie den durchschnittlichen Lagerbestand bezogen auf das Jahr und den Monat, die Lagerumschlagshäufigkeit und die durchschnittliche Lagerdauer.

Lösung

Erfassen Sie das Datenmaterial in einer Excel-Tabelle.

	A	B
1	**Lagerkennzahlen**	
2		
3	Jahresanfangsbestand	2.754,00
4	Jahresendbestand	3.125,00
5	Bestände in den Monaten	
6	Januar	1.789,00
7	Februar	2.589,00
8	März	4.567,00
9	April	4.563,00
10	Mai	3.256,00
11	Juni	1.236,00
12	Juli	1.987,00
13	August	2.145,00
14	September	2.578,00
15	Oktober	3.250,00
16	November	2.987,00
17	Dezember	2.845,00
18		
19	Jahresverbrauch	24.000,00
20		
21	**Lagerkennzahlen**	
22	Jahresdurchschnitt	2.939,50
23	Monatsdurchschnitt	2.811,23
24	Lagerumschlagshäufigkeit	8,54
25	Durchschnittl. Lagerdauer	42,20

Unter dem durchschnittlichen Lagerbestand versteht man den Mittelwert der im Lauf einer Geschäftsperiode vorhandenen Bestände. Die allgemeine Formel zur Ermittlung des durchschnittlichen Lagerbestandes bezogen auf das Jahr lautet:

$$\text{Jahresdurchschnitt Lagerbestand} = \frac{\text{Jahres-AB} + \text{Jahres-EB}}{2}$$

(AB = Anfangsbestand, EB = Endbestand)

In Excel erhalten Sie die Kennziffer in Zelle B22 mit der Formel =(B3+B4)/2, wenn Sie das Datengerüst wie in der Abbildung erfassen.

Der Monatsdurchschnitt wird in der Betriebswirtschaft mit folgender Formel ermittelt:

$$\text{Durchschn. monatl. Lagerbestand} = \frac{\text{Jahres-AB} + \text{12 Monats-EB}}{13}$$

In Excel arbeiten Sie in B23 mit der Formel =(SUMME(B6:B17)+B3)/13.

Die Lagerumschlagshäufigkeit ermittelt, wie oft in einem Jahr der Lagerbestand verbraucht und ersetzt wurde:

$$\text{Lagerumschlagshäufigkeit} = \frac{\text{Lagerabgang}}{\text{Durchschn. Lagerbestand}}$$

Tragen Sie in Ihr Excel-Tabellenarbeitsblatt in B24 die Formel =B19/B23 ein.

Um die durchschnittliche Lagerdauer auszurechnen, benötigen Sie die zuvor ermittelte Lagerumschlagshäufigkeit:

$$\text{Durchschnittliche Lagerdauer} = \frac{360}{\text{Lagerumschlagshäufigkeit}}$$

Erfassen Sie in Ihrer Excel-Tabelle die Formel =360/B24 in B25.

Praxistipp

Um die Kennzahlen korrekt kaufmännisch zu runden, können Sie die Formeln jeweils in die Funktion RUNDEN() einbetten. Diese finden Sie unter **Einfügen/Funktion** in der Kategorie **Math. & Trigonom.** Geben Sie im Dialogfeld **Funktionsargumente** im Feld **Zahl** die Formel und unter **Anzahl_Stellen** die gewünschte Zahl Nachkommastellen an. Die Formel lautet dann für die durchschnittliche Lagerdauer =RUNDEN(360/B24;1).

Einkauf

Mit Lieferantenkennzahlen arbeiten

Übung 32

5 min

In einem Handelsunternehmen wurden im vergangenen Jahr von 95 verschiedenen Lieferanten Waren für insgesamt 12 Mio. € bezogen. Das Reklamationsvolumen lag bei 590.000 €, die Kosten für den Einkauf beliefen sich auf 650.000 €.

Leiten Sie aus diesen Zahlen den durchschnittlichen Einkaufswert je Lieferant, die Beanstandungs- sowie die Bezugskostenquote ab.

Lösung

Erfassen Sie das Datenmaterial wie in der folgenden Abbildung in einem Excel-Tabellenarbeitsblatt.

	A	B
1	**Einkaufskennzahlen**	
2		
3	Wareneinsatz	12.000.000 €
4	Anzahl Lieferanten	95
5	Reklamationsvolumen	590.000 €
6	Kosten Einkauf	650.000 €
7		
8	**Durchschnittl. Einkauf pro Liefertant**	**126.316 €**
9	**Reklamationsquote**	**5%**
10	**Bezugskostenquote**	**5%**

Die allgemeinen Formeln lauten wie folgt:

$$\text{Durchschn. Einkaufswert} = \frac{\text{Wareneinsatz}}{\text{Zahl der Lieferanten}}$$

Geben Sie in B8 die Formel =B3/B4 ein und formatieren Sie die Zelle im Prozentformat.

$$\text{Reklamationsquote} = \frac{\text{Wert der Beanstandungen}}{\text{Wareneinsatz}} \times 100$$

Geben Sie in B9 die Formel =B5/B3 ein und formatieren Sie die Zelle im Prozentformat.

$$\text{Bezugskostenquote} = \frac{\text{Bezugskosten}}{\text{Wareneinsatz}} \times 100$$

Geben Sie in B10 die Formel =B6/B3 ein und formatieren Sie die Zelle im Prozentformat.

Kreditorenumschlag und Zahlungsziel berechnen

Übung 33

5 min

Neben einem Wareneinsatz von 12 Mio. € bezieht das Handelsunternehmen Fremdleistungen in Höhe von 1,2 Mio. €. Für Waren und Fremdleistungen muss Umsatzsteuer in Höhe von 16 % entrichtet werden. Die Lieferantenverbindlichkeiten des Unternehmens liegen durchschnittlich bei 2,3 Mio. €.

Berechnen Sie aus diesen Angaben das durchschnittliche Kreditorenziel in Tagen.

Lösungstipp

Um das durchschnittliche Kreditorenziel in Tagen zu berechnen, müssen Sie zunächst den Kreditorenumschlag ermitteln. In diese Kennzahl fließen Materialeinsatz (ME), Fremdleistungen (FL), Umsatzsteuer (USt) und Verbindlichkeiten ein:

$$\text{Kreditorenumschlag} = \frac{\text{ME} + \text{FL} + \text{USt}}{\text{Verbindlichkeiten}}$$

Das durchschnittliche Kreditorenziel in Tagen errechnet sich dann wie folgt:

$$\text{Durchschnittl. Kreditorenziel} = \frac{360}{\text{Kreditorenumschlag}}$$

Lösung

Erfassen Sie zunächst das Zahlenmaterial in einer Excel-Tabelle.

B8 | f_x =(B3+B4+B5)/B6

	A	B
1	**Kreditorenumschlag**	
2		
3	Wareneinsatz	12.000.000,00 €
4	Fremdleistungen	1.200.000,00 €
5	Umsatzsteuer	2.112.000,00 €
6	Verbindlichkeiten	2.300.000,00 €
7		
8	**Kreditorenumschlag**	**6,66**
9		
10	**Durchschnittl. Kreditorenziel in Tagen**	**54,08**

In einem ersten Schritt muss die Höhe der Umsatzsteuer berechnet werden: Tragen Sie in B5 die Formel =(B3+B4)*0,16 ein. Die Punkt-vor-Strich-Regelung wird hier mithilfe der Klammern aufgehoben. Klammern sind auch zur Berechnung des Kreditorenumschlags in B8 von Bedeutung: =(B3+B4+B5)/B6. Das durchschnittliche Kreditorenziel in B10 wird mit der Formel =360/B8 berechnet. Für das Unternehmen ergibt sich hierbei ein durchschnittliches Zahlungsziel von 54 Tagen. Formatieren Sie die Zellen B8 und B10 mit zwei Nachkommastellen.

Praxistipp

Der Wareneinsatz wurde bereits im Zusammenhang mit unserem Einkaufsbeispiel erfasst. Auf diese Zahl können Sie zugreifen, auch wenn sie sich in einem anderen Tabellenarbeitsblatt befindet. Für das aktuelle Beispiel arbeiten Sie mit der Formel =Einkaufskennzahlen!B3.

Excel-Know-how kompakt

Eine Tabellenkalkulation ist vergleichbar mit einem elektronischen Rechenblatt. Resultierend daraus arbeiten Sie mit einem Tabellenkalkulationsprogramm immer dann, wenn es um das Berechnen von Zahlenmaterial geht.

Formeln

Eine Formel ist die Grundlage für jegliche Art der Berechnung, ob Sie nun lediglich Zahlen addieren oder den Mehrwertsteueranteil aus einem Bruttobetrag ermitteln wollen. Sie wird in der Regel mit einem Gleichheitszeichen eingeleitet und zeigt das Ergebnis in einer Zelle an. Eine Formel kann sich aus folgenden Elementen zusammensetzen.

- Zellbezüge
- Werte
- Operatoren
- Namen
- Bereiche
- Funktionen
- Klammern

Häufig werden Kombinationen dieser Elemente verwendet.

Operatoren

Operatoren definieren den Rechenweg, der mit den Elementen einer Formel durchgeführt werden soll. Excel unterscheidet im Wesentlichen folgende Arten von Operatoren:

- **Arithmetische Operatoren** wie Plus- oder Minuszeichen führen elementare mathematische Operationen durch, z. B. eine Addition oder eine Subtraktion.
- **Vergleichsoperatoren** vergleichen zwei Werte und liefern die Wahrheitswerte WAHR oder FALSCH.
- **Bezugsoperatoren** stellen eine Verbindung zu anderen Zellen her. Bezüge können eine Zelle oder Gruppen von Zellen in einem Tabellenblatt bezeichnen. In der Praxis ist der Doppelpunkt als Bezugsoperator für einen Bereich von größter Bedeutung.

Die folgende Tabelle bietet Ihnen eine Übersicht über die wichtigsten Operatoren:

Operator	Kategorie	Bedeutung
-	arithm. Operator	negatives Vorzeichen
%	arithm. Operator	Prozent
^	arithm. Operator	Potenz
*	arithm. Operator	Multiplikation
/	arithm. Operator	Division
+	arithm. Operator	Addition
-	arithm. Operator	Subtraktion
=	Vergleichsoperator	gleich

Operator	Kategorie	Bedeutung
>	Vergleichsoperator	größer als
<	Vergleichsoperator	kleiner als
>=	Vergleichsoperator	größer oder gleich
<=	Vergleichsoperator	kleiner oder gleich
<>	Vergleichsoperator	ungleich
& (kaufmännisches Und)	Textoperator	Textverknüpfung (verbindet zwei Textwerte zu einem zusammenhängenden Text)
: (Doppelpunkt)	Bezugsoperator	Bezug eines Zellbereichs
; (Semikolon)	Bezugsoperator	Vereinigung
(Leerzeichen)	Bezugsoperator	Schnittmenge

Funktionskategorien

Damit Sie sich innerhalb der zahlreichen unterschiedlichen Funktionen zurechtfinden, werden diese in Excel so genannten Funktionskategorien zugeordnet. Man unterscheidet folgende Funktionskategorien:

- Die **finanzmathematischen Funktionen** behandeln Themen wie zum Beispiel Abschreibung oder Zinsrechnung. Sie werden häufig im Zusammenhang mit betriebswirtschaftlichen Formeln benötigt.

- **Mathematische und trigonometrische Funktionen** beschäftigen sich sowohl mit den Grundrechenarten wie Subtraktion, Addition, Multiplikation und Division als auch mit Potenzen oder Rundungen. Auch sie sind im Zusammenhang mit betriebswirtschaftlichen Formeln von großer Bedeutung.
- **Statistische Funktionen** bieten eine Vielzahl von Auswertungen, sowohl für professionelle als auch für recht einfache Anwendungen, wie zum Beispiel das Ermitteln von Durchschnittswerten.
- **Datenbankfunktionen** werden auf listenförmige Tabellen angewendet.
- **Textfunktionen** arbeiten mit Texten. Damit können Sie u. a. Textelemente suchen, ersetzen oder verknüpfen.
- **Logische Funktionen** operieren mit Wahrheitswerten und vergleichen zwei Werte. Sie liefern von zwei möglichen Werten den Wahrheitswert WAHR oder FALSCH. Insbesondere die WENN-Funktion ist auch in der Betriebswirtschaft, u. a. zum Abfangen von Fehlern, wichtig.
- Im Rahmen der **Informationsfunktionen** werden zwei Gruppen unterschieden. Die eine Gruppe bilden die so genannten IST-Funktionen. Sie liefern einen Wahrheitswert, WAHR oder FALSCH. Die übrigen Informationen beginnen nicht mit IST. Sie liefern und bearbeiten Informationen zur Umgebung von Excel.
- Mithilfe der **Matrixfunktionen** lassen sich Matrizen sowie Zellbereiche berechnen. Matrixformeln verkürzen die Eingabezeit für immer wiederkehrende Formeln.

- Im Rahmen der **technischen Funktionen** geht es u. a. um das Umrechnen von Maßeinheiten oder das Rechnen mit Fakultäten.
- **Alle** umfasst alle Funktionen, die zur Verfügung stehen. Unter **Zuletzt verwendet** finden Sie die zehn Funktionen, mit denen Sie zuletzt gearbeitet haben.
- **Benutzerdefinierte Funktionen** erstellen Sie selbst. Diese Funktionen setzen fortgeschrittene Excel-Kenntnisse voraus.

Der Aufbau einer Funktion

Beachten Sie bei der Arbeit mit Funktionen unbedingt, dass Sie sich genau an die Vorgaben hinsichtlich des Aufbaus und der Schreibweise einer Funktion halten. Dabei unterstützt Sie der Funktionsassistent mit seinem Dialogfeld **Funktionsargumente**. Bis auf wenige Ausnahmen enthalten alle Funktionen die in unserer folgenden Tabelle aufgelisteten Komponenten.

Komponente	Bedeutung
Funktionsname	Anhand der Bezeichnung erkennt Excel, welche Funktion verwendet werden soll. Funktionsnamen sind z. B. SUMME oder PRODUKT.
Argumente	Werte, mit denen eine Funktion Berechnungen durchführt. Man unterscheidet Argumente, die zwingend erforderlich sind, und solche, die nicht unbedingt notwendig sind.

Komponente	Bedeutung
Syntax	Die Zeichenreihenfolge einer Funktion heißt Syntax. Sie entspricht der genauen Schreibweise einschließlich der Argumente. Wenn Sie mit dem Funktions-Assistenten arbeiten, müssen Sie sich nicht um die Syntax kümmern.
Gleichheitszeichen	Wie eine Formel wird auch eine Funktion mit einem Gleichheitszeichen eingeleitet. Wenn Sie mit dem Funktions-Assistenten arbeiten, müssen Sie sich um die Gleichheitszeichen nicht kümmern.
Klammern	Die Klammern schließen die Argumente der Funktion ein. Vor und hinter einer Klammer sind keine Leerzeichen erlaubt.
Semikolon	Semikola trennen die einzelnen Argumente. Sie werden nur für Funktionen benötigt, in denen es mindestens zwei Argumente gibt.

Stichwortverzeichnis

Der Autor

Thomas Reichel

ist Betriebswirt und seit mehr als 20 Jahren als leitender Angestellter im Controlling eines Großunternehmens tätig. Bei der Umsetzung betrieblicher Daten in Tabellenkalkulationsprogramme verfügt er über langjährige Erfahrung, da er sich schon damit beschäftigt hat, bevor die Windows-Anwendungen so weite Verbreitung gefunden haben. Sowohl zu Microsoft Excel als auch zu betriebswirtschaftlichen Themen hat er zahlreiche Bücher und Artikel veröffentlicht.

Systemvoraussetzungen für die CD-ROM

PC mit Pentium Prozessor, mind. 133 MHz; 64 MB Arbeitsspeicher; mind. 100 MB Festplattenspeicher; CD-ROM-Laufwerk; Betriebssystem Windows 95/98/2000/NT/XP

So installieren Sie die CD_ROM:

- Legen Sie die CD_ROM in das Laufwerk Ihres PCs.
- Wählen Sie über das START_Menü den Punkt „Ausführen".
- Geben Sie im „X:/setup" ein (wobei X der Buchstabe Ihres CD-ROM-Laufwerks ist) und bestätigen Sie die Eingabetaste.
- Die Installation wird gestartet. Folgen Sie einfach der Anleitung des Programms.